Karin Kalmus

So kam der Mensch aufs Schiff

So kam der Mensch aufs Schiff

Karin Kalmus

Eine ergötzliche Geschichte der Schiffahrt und der Entdeckung der Meere

Delius Klasing Verlag

Zeichnungen: KARIN KALMUS

ISBN 3-7688-0619-7

Printed in Germany 1988
Gesamtherstellung: Wilhelm Röck, Weinsberg

Inhalt

Einleitung	7
Anfänge	9
Die Wikinger	43
Die Hanse	63
Vor den großen Entdeckungen	79
Die Entdecker	83

Einleitung

Schon mal gesegelt?

Nein?

Sie sollten es versuchen.

Das interessiert Sie gar nicht?

Sind Sie da ganz sicher?

Ich bin es nicht.

Denn wenn Sie sich nur ein wenig damit beschäftigen, werden Sie schnell merken, wie ungeheuer wichtig die Entwicklung der Wasserfahrzeuge für die Entwicklung der Menschen gewesen ist. Auch für die heutigen. Auch für Sie.

Sie werden bald sehen: Seefahrt tat schon immer not. Sehr sogar – weil Wasser nämlich keine Balken hat. Und Sie darum, wenn Sie es überqueren wollen, schwimmen oder sich ein Schiff bauen müssen, wenn Sie nicht jämmerlich ertrinken wollen.

Aber Sie denken gar nicht daran? Sie wollen überhaupt nicht aufs Wasser? Sie bleiben lieber zu Hause? Je nun – Sie vielleicht.

Aber was wäre aus der Menschheit geworden, wenn alle so gedacht hätten wie Sie?

Immerhin besteht die gesamte Erdoberfläche noch nicht einmal zu einem Drittel aus Land. Der Rest ist bekanntlich tiefes, nasses Wasser. Jawohl – unsere fünf Erdteile schwimmen, wenn ich einmal so sagen darf, auf den Weltmeeren.

Nicht wahr? Langsam leuchtet es ein, wie notwendig die Schiffahrt ist.

Sie brauchte eine lange, lange Entwicklung.

Und die fing an mit einem erweiterten Horizont – über die Ufer und Küsten hinaus. Und um den zu erreichen, benötigte man die Seefahrt und alles, was mit ihr zusammenhing.

Und als man das begriffen hatte, stürzte man sich mit Eifer in das nasse Element. Begann, auf diesem Wege zu entdecken. Und zu erobern. Auch Handel zu treiben. Leider auch Kriege zu führen. Aber auch schlicht, um Abenteuer zu erleben und Spaß zu haben.

Die einen trieben Machtgelüste und Habgier auf die Meere. Die anderen gingen auf das Wasser, um ihr Fernweh zu stillen oder sich selbst zu bestätigen oder sich im sportlichen Wettkampf zu messen.

Es gab viele Gründe.

Ja, so sah es bald aus, als die Menschen Geschmack gefunden hatten am Seefahren.

Sie wollten hinaus in die Welt – die weite.

Und da sie, wie gesagt, nicht zu Fuß von einem Ufer an das andere, geschweige denn von einem Erdteil zum anderen springen konnten oder schreiten, womöglich noch mit Reisegepäck, darum brauchten sie Fahrzeuge.

Womit wir bei den Schiffen angekommen sind.

Anfänge

Um es gleich vorwegzunehmen: Wer der erste Schiffbauer gewesen ist, das weiß man nicht. Jedoch haben gewiß überall, wo es Küsten gab und ein anderes Ufer, die Menschen versucht, über das Wasser zu gelangen.

Und ob Sie es glauben oder nicht, bereits vor vierzigtausend Jahren hatten es Menschen im Stillen Ozean geschafft, auf fremde Inseln zu kommen. Sie mußten also Schiffe gehabt haben – oder ähnliches.

Danach schließlich könnte es so begonnen haben:

In noch ziemlich grauer Vorzeit, so um 8000 vor Christus, lebten an einem Fluß, der sich durch Wälder schlängelte, zwei Großfamilien. Eine an jedem Ufer – getrennt durch das Wasser. Nur in der Trockenzeit, wenn der Fluß versiegte, konnten sie sich gegenseitig besuchen.

Und wie das Leben damals schon spielte: Gerade als der Steinzeitjüngling Huhi aus der einen Familie sich in die Steinzeitjungfrau Mula aus der anderen Familie verliebte, gab es einen großen, großen Regen. Aus den fernen Bergen donnerten noch dazu die Schmelzwasser heran. Der Fluß schwoll mächtig an, wurde breit und tief.

Und blieb es leider auch im folgenden Sommer.

Der arme Huhi saß traurig am Ufer und sehnte sich hinüber ans andere zu seiner Liebsten Mula. Es zog ihn sehr dahin, und er litt außerordentlich. Aber zum Durchwaten war der Fluß zu tief und zum Überschwimmen zu breit. Er sah trübsinnig vor sich hin, der arme Kerl.

Da bemerkte er zu seinen Füßen ein Bienchen, welches auf einem Stöckchen durch eine kleine Pfütze trieb – wild mit den Beinen wirbelnd.

Der Junge rieb sich die Augen, guckte noch einmal genau hin und rief dann vergnügt: „Juhu!“ Denn er dachte frohgemut: „Wenn das Stöckchen das Bienchen über das Wasser trägt, über das kleine, dann müßte doch ein Baumstamm mich über das große tragen können. Holz ist Holz.“

Er lief geschwind zu seinem Vater und erzählte, was ihm durch den Kopf gegangen war.

Der fand die Sache gut. Weniger wegen der Liebe als überhaupt.

Sie fällten eine Eiche in passender Größe, kappten und glätteten sie, und ab ging der erste Startversuch.

Siehe da, es klappte! Huhi schwamm bäuchlings auf dem Baumstamm über den Fluß, mit Händen und Füßen rudernd.

Drüben hielt er sofort um die Hand seiner Liebsten an. Er bekam sie augenblicklich. Denn wer hätte nicht sein Kind gern einem so erfolgreichen Pionier gegeben.

Der Hochzeitstermin wurde gleich festgelegt, und die Familie des Jünglings rüstete zur Überfahrt. Das heißt, da ja nicht Ahne, Mutter und

Einbaum

Kleinkinder einzeln auf Bäumen hinüberpaddeln konnten, banden sie mehrere Stämme zusammen. Frauen, Kinder und Alte nahmen in der Mitte der Plattform Platz; die Männer ruderten am Rand mit Armen und Beinen.

Und nicht nur mit den Gliedmaßen bewegten sie die Fahrzeuge. Die Kurzarmigen probierten es mit buschigen Zweigen. Sie hatten bald heraus, daß das viel mehr schaffte.

Die Jünglinge wollten damals schon allein auf Tour. Sie ruderten lieber um die Wette in Einbäumen – in ausgehöhlten Stämmen. Darin konnten sie gut sitzen und kamen schnell voran.

Es wurde ein fideles Hochzeitsfest und die Rückfahrt eine romantische Mondscheinpartie.

Nein? Sie glauben das Ganze nicht?

Na ja, so ähnlich hätte es aber sein können.

Also noch ein Anfang. Vielleicht so:

An einer anderen Stelle der Welt wuchsen keine dicken Bäume, nur Büsche. Auch dort wollten die Menschen gern auf irgendeine Weise über das Wasser zueinander kommen.

Da fiel eines Tages dem alten, tatterigen Großvater Urs, als er am Ufer saß, sein linker Lederschuh vom Fuß und platschte in den Fluß. Ehe er zugreifen konnte, war die Galosche schon fortgeschwommen.

In der Tat – sie versank nicht. Sie schwamm davon.

„Ach so“, sagte Urs’ Sohn Surs, der daneben saß, „wenn es denn weiter nichts ist. Das wollen wir schon kriegen.“

Er bastelte aus Weiden ein Gerippe, bespannte es mit seinem alten Lederumhang und ließ es zu Wasser.

Wie ein Donnerwetter ging der schwimmende Untersatz mit ihm ab – den Fluß entlang immer nach Norden.

Nein? Auch das glauben Sie nicht?

Aber einer muß sich schließlich erstmals den Wunsch, das Wasser zu überwinden, erfüllt haben.

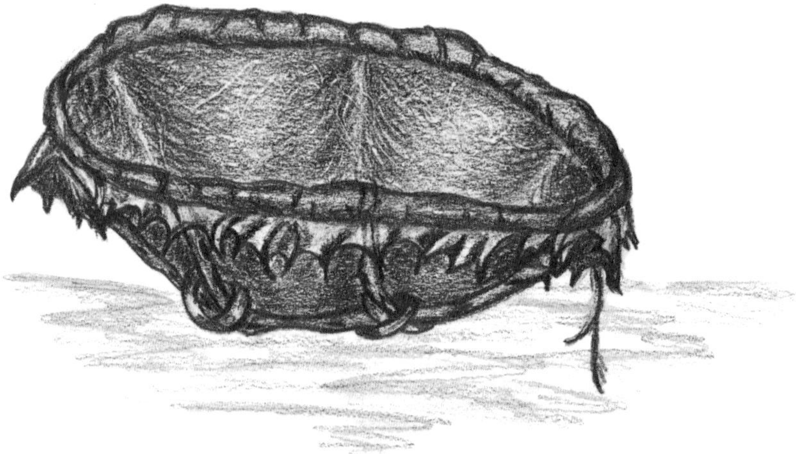

Flechtwerkboot

Dann noch einmal von vorn. Vielleicht ist es überhaupt ganz anders gewesen:

An einer dritten Stelle, am Nil nämlich, waren die Ägypter dabei, Papyrusstauden zu ernten. Klein-Teja wollte seinem Vater unbedingt dabei helfen. Er schleppte einige zusammengebundene Stengel am Ufer entlang. Leider bekam er Übergewicht und stürzte mitsamt dem Bündel in den Fluß. Sein Vater sprang zur Rettung kühn mit einem weiten Satz hinterher.

Aber schau – der Knabe versank gar nicht, obwohl er nicht schwimmen konnte. Er hielt sich krampfhaft an dem Bündel fest, und das trieb ruhig mit ihm auf dem Wasser dahin.

Damit nicht genug: Der Wind blähte auch noch sein Hemdchen und schob das kleine Gefährt zurück an den Strand.

Der Vater hätte gar nicht so weit zu springen brauchen. Aber wer ahnte schon so etwas? Jetzt wußte er es!

Nachdem er sich von dem Schrecken erholt hatte, begann er die Sache geistig zu verarbeiten. Dachte eine Weile nach und schnürte dann mehrere Bündel Papyrusstengel zusammen. Warf sie ins Wasser, setzte sich drauf und schipperte los – mit den Händen löffelnd.

Wenn Sie das auch nicht glauben, kann ich Ihnen nicht helfen.

Wie bitte? Stammvater Noah hatte doch bereits mit seiner Arche den Anfang gemacht?

Stimmt – was die Balken auf dem Wasser anging schon. Nur handelte es sich in diesem Falle ja eigentlich mehr um ein Familienunternehmen in einem Hausboot zum Zwecke der Arterhaltung und des Katastrophenschutzes. Nicht aber um den Trieb des Menschen, etwas Neues zu erforschen. Ich meine, natürlich war die Absicht lobenswert und die Wirkung hervorragend. Denn wenn man der Erzählung glaubte, mußte man zugeben, daß ohne die Arche Noah sowieso nie eine Schiffahrt stattgefunden hätte, weil ohne sie die Menschheit damals mit Mann und Maus ertrunken wäre. So sagt doch die Heilige Schrift.

Also lassen wir Noah ruhen und kehren zurück zu den konkreten Anfängen nach Ägypten.

Dort ging es jetzt voran mit der feuchten Fortbewegung, mit dem Fortschritt auf dem Wasser. Denn auf welchem Gebiet auch immer: Die Menschen, wenn sie erst begonnen hatten, konnten das Erfinden und Erforschen und Vorwärtsdrängen nicht lassen. Die Neugier des wachen Geistes trieb sie fortwährend an und weiter. Genauso, wie der Wind den kleinen Jungen vor sich hergeschoben hatte.

Und der Vater – nachdem er lange genug darüber nachgedacht hatte – sagte sich: „Je größer das Hemd, um so mehr Wind wird eingefangen, um so mehr Treibkraft ist da.“

Also probierte er seine Entdeckung mit seinem eigenen großen Hemd aus. Es funktionierte.

Daraufhin ließ er sich von Mutter ein schönes Viereck weben. Das ging noch besser.

Und damit er nicht fortwährend mit ausgebreiteten Armen wie eine Vogelscheuche auf seinem Floß stehen mußte, band er eine Stange mit Querholz in die Mitte des Fahrzeuges und daran das Tuch.

Das Ganze war natürlich ziemlich wackelig. Darum änderte er seinen Mast. Er steckte zwei Bäume, einen links, den anderen rechts, in die Mitte der Schiffsseiten und band sie oben zusammen, so daß sie ein Dreieck bildeten und sozusagen breitbeinig quer im Schiff standen. Das war der Bockmast. Daran hängte er die Stange mit dem Tuch, das Rahsegel.

Jetzt hatte er es geschafft. Hatte die Hände frei und fuhr trotzdem. Hatte sich die Naturkräfte untertan gemacht und ließ sie für sich arbeiten.

Von dieser Seite betrachtet, war das enorm bedeutend. Das Segel war wie ein Flügel, der die Kraft des Windes einfing und an das Fahrzeug weitergab. Und je mehr Naturkräfte der Mensch nutzen wollte, um so mehr Segel mußte er setzen. Um so größer konnten seine Schiffe sein, größer auch die Fracht und um so länger die Wege. Er konnte sich die Gewässer zu Wasserstraßen machen. Und der Horizont, der mit seiner Ungewißheit zu Abenteuern lockte, schien ihm erreichbar.

Das alles begannen die Söhne und Enkel und davon wieder die Söhne und Enkel von Klein-Teja so um 4000 vor Christus zu begreifen.

Sie verbesserten und änderten und probierten und kamen darauf, die Seiten des Floßes hochzuziehen, damit das Wasser nicht so hereinschwabbte. Dann banden sie hinten eine löffelartige Stange an, mit der sie steuern und gleichzeitig rudern konnten (heute heißt bekanntlich das Steuer an einem Schiff immer noch Ruder), wenn der Wind sie im Stich ließ und sie mitten auf dem Meer zu versauern drohten. Denn zum Rudern mit den Händen waren ihre Fahrzeuge jetzt zu groß geworden.

Bald merkten sie auch, daß ihre Schiffe besser liefen, wenn sie lang und schmal waren statt kurz und breit. Länge läuft – dieses Wort gilt bis heute bei den Seglern.

Sie nannten das Vorn Bug und das Hinten Heck und ließen beide spitz zulaufen. Wegen der Aquadynamik oder der Hydrodynamik, wie Fachleute das nennen, wenn der Wasserwiderstand verringert wird.

Und damit sie mehr Stabilität in ihre Fahrzeuge bekamen, brachten sie ein Sprengwerk an, eine Längsverstärkung: ein Seil, das wie eine Bogensehne von einem Ende des Bootes zum anderen gespannt wurde. Drehte man es in der Mitte mit einem Stockknebel straff, zog es die Enden des Schiffskörpers zusammen. So konnte das Schiff dem Seegang mit mehr Stabilität Widerstand leisten.

Außerdem kamen sie bedeutend schneller voran, wenn sie zu mehreren mit langen Kellen-Hölzern aus einem Fahrzeug löffelten.

Zuerst fanden sich Mitfahrer aus Interesse und Begeisterung an der Sache.

Schilfboot

Als die keine Lust mehr hatten, wurden Ruderknechte gemietet.

Leider kaufte man sich danach Sklaven für diese Arbeit.

Das war rund 2700 vor Christus.

Als man nämlich in Ägypten begann, Holzschiffe aus den schmalen Planken der Akazien zu bauen.

Als man seetüchtig wurde.

Rund um das Mittelmeer.

Die Zeit verging, und die Ägypter befuhren das östliche Mittelmeer. Dabei trafen sie unterwegs die Phönizier.

Die kamen auf irrsinnig schnellen, langen, schmalen Fahrzeugen daher. Sie konnten für damalige Maßstäbe unglaublich große Schiffe bauen, weil bei ihnen die hohen Zedernbäume wuchsen. So große, daß sie in Längsrichtung durchgebogen wären – die Schiffe natürlich, die man aus ihnen baute –, wenn sie nicht unterhalb eine Verstärkung angebracht hätten, den Kiel.

Eine Neuerung, die eigentlich im Nordseeraum um die mittlere Bronzezeit entstanden war. Vielleicht war diese Erfindung für das Wasser von ähnlicher Bedeutung wie das Rad für das Land. Denn sie ermöglichte es, sich von den Küsten zu entfernen und hinauszugehen auf das offene Meer. Ein Kielboot nämlich war stabiler und ließ sich auch gegen die Dünung steuern, ohne daß es gleich umschlug wie ein flachbödiges. Es lief nicht so leicht aus dem Ruder. Es ließ sich besser auf Kurs halten, besser lenken.

Die Phönizier hatten außerdem die Ruder verlängert und sie an den Schiffsseiten befestigt. Die Wirkung war groß.

Die Burschen waren einfach überragende Seefahrer.

Das nun war so um fünfzehn Jahrhunderte vor der Zeitrechnung.

Die Ägypter sahen das und wollten mitziehen.

Und nicht nur die Ägypter. Schließlich wurden in allen Ländern rund ums Mittelmeer Schiffe gebaut, was die Planken hielten.

Gehen wir einfach an Bord – theoretisch natürlich.

Nein, nicht gleich über das weite Meer. Für den Anfang reicht allemal eine Flußpartie, damit wir das Land in Sicht behalten, wie der Seemann sagt.

Übrigens war dort – auf dem Land – eine ganze Menge los. Die alten Ägypter wohnten zu beiden Seiten des Nils auf fruchtbarem, üppigem Ackerland. Vor Feinden waren sie durch weite, unwegsame Wüsten im Hinterland geschützt. Die nutzten sie als Friedhöfe, die sie Totenstädte nannten.

Und die Schiffahrt, wo bleibt die?

Sie kommt. Sie kommt.

Aber wenn ein Volk sein Leben so nach einem Strom ausrichtet, ist es wohl wert, einen Blick aufs Trockne zu tun, oder?

Sie lebten also meistens herrlich und in Frieden auf ihrem saftigen Grünland, die Ägypter. Nein, außergewöhnlich unkämpferisch waren sie nicht. Das konnte man nicht behaupten. Nur waren sie von Natur aus durch die Gegend begünstigt.

Den Bauern, der die fruchtbaren Nilwiesen beackerte, nannte man – wie überall in diesen Breitengraden – Fellache. Durchweg war er ein vergnügter Landmann, wovon der Spruch „fröhlich wie ein Fellache" herrührte. Er trug ein Leinentuch um die Hüften und die Beine gewikkelt. Das war sein Anzug.

Er war fleißig und strebsam, arbeitete hart von früh bis spät, um Wasser vom Fluß auf seine Felder zu bringen. War dabei – wie gesagt – meistens guter Dinge.

Eines Morgens saß unser Bauer auf einem Schiff. Nicht nur er – alle anderen auch.

Es gab nämlich kein Land mehr. Nur noch Wasser. Ringsum alles voller Wellen und Wogen. Nur die Städte ragten noch als Inseln hervor.

Gott sei Dank, daß inzwischen das Schiff erfunden war. Was sonst wohl passiert wäre?

Aber seltsam, die Fellachen waren gar nicht verzweifelt ob der großen

Flut. Nicht einmal beunruhigt waren sie. Im Gegenteil. Sie wurden immer fröhlicher. Denn das alles hatte durchaus seine Richtigkeit. Der Nil war, wie jedes Jahr, über seine Ufer getreten und hatte das ganze Land überschwemmt. Er sollte es, sagten die Fellachen. Das war gut. Und sie sangen eine Hymne auf den großen, lebenspendenden Fluß und lobten die Götter. Denn erstens war die Wasserzeit ihre Urlaubszeit, wenn sie nicht Pech hatten und zum Pyramidenbau abkommandiert wurden. Und zweitens ließ das Wasser, wenn es wieder ablief, feinen fruchtbaren Schlamm als allerbesten Dünger zurück auf den Wiesen und Feldern.

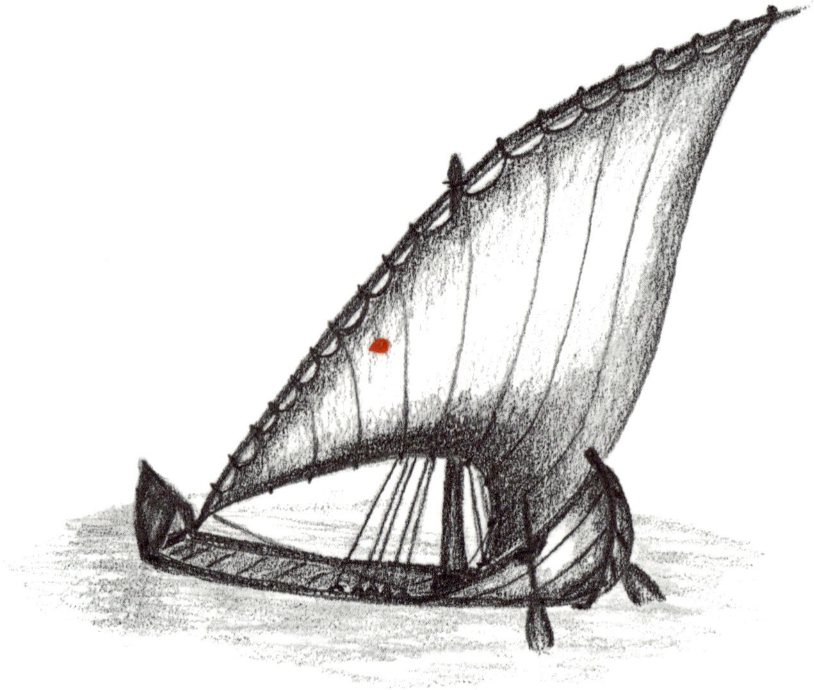

Nil-Frachtsegler

Darum waren die wasserfahrenden Bauern so vergnügt.

Obwohl sie wahrhaftig nicht reich wurden durch ihre Arbeit. Denn sie mußten ihre Produkte an Vater Staat abgeben – gegen geringen Lohn. Der trieb einen schwunghaften Handel damit. Ägyptens Weizen war berühmt in aller Welt.

Aber was soll's, sagten sich die kleinen Leute, wir sind es zufrieden. Und verlustierten sich auf dem Wasser in großen und in kleinen Schiffen, die alle wegen der vielen Sandbänke breit und flach waren.

Sie fischten munter mit großen Netzen und füllten sich schmatzend die Bäuche mit dem Segen des Flusses.

Manchmal allerdings setzten sie in Windeseile Segel und machten sich geschwind davon.

Warum? Dann nahte nämlich ein pompöses Prunkschiff, und da gingen sie lieber aus der Peilung.

Es war ein prunkvolles Totenschiff, was da gerade ankam. Man hörte die gemieteten Klageweiber jämmerlich über das Wasser heulen.

Je lauter ein Toter betrauert wurde, um so größer mußte er im Leben gewesen sein, sagte man. Und da fast jeder Mensch gern ein großer Mann gewesen wäre... und so weiter.

Aber das hatte tatsächlich nichts mit Seefahrt zu tun. Wie gesagt, irgendein feiner Mann war gestorben und wurde mit allem für das nächste Leben Notwendigen und auch manchem Unnützen zu Grabe gefahren – per Schiff. Hinüber in die trockene Wüste, wo sich die mumifizierten Gestorbenen lange frischhielten.

Man merkt, Tejas Nachkommen hatten begriffen, wie nützlich schwimmende Balken waren, wenn man am Wasser wohnte.

Aber lassen wir die Toten und die kleinen Leute. Es fuhr ja noch viel mehr auf den Wassern des Nils herum. Buchen wir doch einmal eine Lusttour auf einem Luxusliner, einer Prunkbarke.

Oho – auf so einem Vergnügungskahn war fröhlicher Trubel. Oben in frischer Luft jedenfalls. Unter Deck war es dumpf und stickig und alles andere als fidel. Da quälten sich an die fünfzig Rudersklaven ab, das phantastisch geschmückte Schiff durchs Wasser zu bugsieren. Ein hoher Regierungsbeamter, Menamon mag er geheißen haben, hatte zum Fest geladen.

Wie man sieht, wurden auch die Feiern auf das Wasser verlegt. Anlaß zu dem Vergnügen war die Fertigstellung seines Grabmales.

Ob ihm wirklich kein besserer Grund für eine Festlichkeit einfiel?

O doch! Aber dieses war ein durchaus üblicher und normaler Anlaß. War doch für jeden Ägypter der Gedanke an ein unvorbereitetes Grab beunruhigend. Sein Grab war sein Zuhause. Da gehörte er hin, wenn sein Dasein auf dieser Welt zu Ende war.

Man lebte hier sozusagen mit dem Tode.

Und das per Schiff.

Prunk-Barke

Aber sehen wir uns einmal an, wie es auf so einem rauschenden Bordfest zu Ehren eines Grabes zuging:

Die wunderbaren Decksaufbauten waren aus zartem, buntem Leinen, geschmückt mit Gold und Elfenbein und Edelsteinen. Herr Menamon bewirtete fürstlich. Und die noblen Gäste feierten ungehemmt. Tranken Unmengen Wein und Bier. Aßen fürchterlich viele Ochsen, Enten, Gänse, Tauben, Wild und Früchte. Dazu mindestens vierzig Sorten Brot und Kuchen.

Hier handelte es sich nicht um eine bescheidene Schiffsfeier aus geringem Anlaß.

Tatsächlich aßen die Geladenen, bis ihnen schlecht wurde. Und tranken, bis sie schlicht stockbesoffen waren. Verzeihung.

Endlich allerdings wurde es dem Gastgeber zu bunt. Er trat mit einer kleinen geschnitzten Holzmumie in den Kreis der zügellosen Zecher und legte sie bedeutungsvoll in den dazu passenden Sarg. Damit erinnerte er seine Gäste feinsinnig und dezent an ihren Tod und an die Ernsthaftigkeit des Lebens und also an das Ende des Leichtsinns.

Weiß der Himmel – das war zartfühlend! Und es war das Ende der Völlerei und Zecherei.

Die Menschen am Nil verstanden diesen Wink sehr wohl und trollten sich. Oder wurden vielmehr von ihren Dienern getrollt, weil sie sich nicht mehr auf den eigenen Beinen halten konnten.

Noch ein Wort zur holden Weiblichkeit auf der Feier, ehe wir das Schiff wechseln. Eine schöne Frau war immer etwas Herzerquickendes, auch auf dem Wasser.

Hier nun sahen sie sich auf den ersten Blick alle ähnlich – wegen der strengen Modevorschriften. Sehen wir uns also getrost nur die erste beste oder eine für alle anderen an: Sie trug auf ihrem Busen eine Lotosblume. Hatte dick schwarzumrandete Augen und leuchtend rot geschminkte Lippen. Bis jetzt noch nichts Außergewöhnliches.

Aber auf ihrer kunstvollen schwarzen Einheitsfrisur, es war eine Perücke, saß ein kegelförmiges Gebilde aus parfümiertem Fett. In der

Hitze des nächtlichen Vergnügens schmolz der Talg und rann als süß duftende, schmierige Pomade über Haare und Schultern der Schönen.

Igitt! sagt man wohl und schüttelt sich.

Aber andere Länder und Zeiten, andere Sitten und Moden. Hier fand man das hinreißend.

So konnten die Parties also aussehen, wenn man große, lebensbestimmende Flüsse in der Nähe hatte und genug Wohlstand, um schön genüßlich langsame Bootsfahrten zu machen.

Nun sollte man nicht glauben, die ganze Seefahrt habe lediglich aus Beerdigungen und Lusttouren und Freizeitvergnügen bestanden. Und alle die bekannten wilden Meeresgeschichten wären gesponnenes Seemannsgarn.

Beteiligen wir uns auch einmal an einer Mittelmeerreise. Keine Bange, uns geschieht dabei nichts; wir haben einen Arzt dabei. Der ägyptische Arzt und Priester und Magier Penetu ist an Bord.

Wieso ausgerechnet ein Doktor? Was hat ein Mediziner mit der Seefahrt zu tun?

So gesehen nicht arg viel. Aber erstens ist der hier eine Verbindung zu einer hübschen Geschichte. Und zweitens kann man ihn einfach nicht verschweigen und außenbords stehen lassen. Er muß erwähnt werden. Denn die Ägypter hatten in der damaligen Welt die bedeutendsten Ärzte, weit über die Meere begehrt. Außerordentlich tüchtig waren sie und gleichzeitig immer Priester und Magier. Das gehörte zusammen wegen der Seele im kranken Körper. Darauf legte man Wert und auch auf Zauberkräfte.

Außerdem hatte unser Herr Doktor einen Kompaß bei sich.

Na ja, ein ganz richtiger war es nicht, aber so etwas Ähnliches: eine kleine Götterstatue mit ausgebreiteten Armen, die an einer Schnur hing. Während der Magier einige fromme Sprüche murmelte, ließ er sie pendeln. Die Statue schwebte eine Weile in Drehungen und Wendungen hin und her, hing schließlich still und zeigte jetzt mit der einen Götterhand auf den Polarstern, der bei Nacht die Schiffe über das Meer führte. – Ob die Seeleute auf diese Weise immer den richtigen Weg fanden, das weiß ich nicht.

Aber lassen wir das. Kommen wir lieber zu unserer Geschichte:

Selbiger Doktor Penetu – möge er ewig leben, wie man damals immer bei feinen Leuten hinzufügte – war so berühmt, daß ihn ein reicher phönizischer Kaufherr nach Sidon gerufen hatte. Sein Sohn war bei einem gewagten Schiffsmanöver im Hafen so unglücklich gestürzt, daß er sich die Beine und noch einiges mehr verdreht hatte. Besonders der rechte Fuß stand jetzt nach hinten statt nach vorn und war ganz und gar nicht mehr zu gebrauchen.

Nun lag der Jüngling siech daheim in der kühlen Marmorhalle seines Elternhauses. Sah traurig durch den traumhaften Garten hinaus auf das Meer. Sein Vater hatte alles nur Mögliche versucht, ihn aufzuheitern. Vergebens.

Jetzt endlich reiste Herr Penetu – möge er ewig leben – mit seiner berühmten Kunst an. Er trug seine gesammelten Kenntnisse in einem großen Korb bei sich, gewissenhaft und säuberlich mit Ruß auf Papyrusrollen notiert.

Seine Heilkunst reichte vom Hühnerauge bis zur Hirnverletzung. Er konnte mit Wunden, Brüchen und Verrenkungen umgehen. Nähte, klammerte und schiente. Natürlich hatte er auch Kräuterrezepte und Rizinus dabei. Aber seine chirurgischen Fähigkeiten waren das Imponierendste an ihm, denke ich.

Um ehrlich zu sein, mich lockte noch etwas an dieser Mittelmeerreise: Herr Penetu war nicht allein. Er hatte seine liebliche Nichte Nefer dabei. Ein ganz holdes Mädchen. Es hatte bezaubernde, dunkelumrandete Rehaugen, die in dem feinen goldfarbenen Gesicht sanft und samten schimmerten. Und auf seinen zartgeschwungenen purpurnen Lippen lag immer ein leises Lächeln. Ein traumhaftes Wesen. Rank und schlank, in ein langes, fließendes Gewand gewickelt, auf dem ein breiter runder Silberkragen lag. Die tiefschwarzen Haare wurden von einem goldenen

Stirnband gehalten. An seinen kleinen Ohren klimperten lange goldene Spiralen und an den zart gerundeten Armen viele goldene Reifen. Schön war sie, die Kleine. Wunderschön. Eine wahre Augenweide für jedermann. Und sie war mit dem Onkel – möge er ewig leben – unterwegs, um eben besagtem Sohn des reichen Kaufmanns angetraut zu werden. Der Glückliche – auch wenn er jetzt arg darnieder lag.

Nun wissen wir, warum der Jüngling, Bemi hieß er übrigens, so besonders trübsinnig auf das Meer hinausschaute. Wer begegnet schon freudig seiner schönen Liebsten, wenn er nicht gut in Form ist oder sogar ganz außer dieser.

Aber lassen wir die Schwärmerei. Bei der Liebe sind wir noch nicht.

Vorerst befanden wir uns auf dem dickbauchigen, behäbigen Handelsschiff. Es war ein Rundschifflaster, wie man im Mittelmeer sagte, von den phönizischen Händlern entwickelt. Etwa zwanzig Meter lang, fünf Meter breit, mit fünf Mann Besatzung – für die großen Segel. Das war wenig, aber es wurde nicht mehr gerudert. Dazu war es zu schwer, denn es hatte einen großen Laderaum.

Der Laster hatte außer Onkel und Nichte fetten Weizen geladen, der in Sidon gegen duftendes Zedernlangholz eingetauscht werden sollte. Sidon war eine der berühmtesten phönizischen Handelsstädte, die alle einen märchenhaften Reichtum erworben hatten.

Ja, die Phönizier verdienen es, mehr als einmal in der Geschichte der Seefahrt erwähnt zu werden. Und was ihr immenses Vermögen angeht: Es war das Ergebnis des überragenden seefahrerischen Könnens dieser Leute. Denn die wohlhabenden Städte klebten im Grunde genommen nur wie kleine Felsennester ohne großes Hinterland an den Bergen der Küste. Allein die Zedernholzwälder lagen hinter ihnen – und vor ihnen das weite Meer. Daraus machten sie etwas. Denn sie waren ungemein geschäftstüchtig und unternehmungslustig. So kam es, daß diese paar Phönizier die ungeheure Tat vollbrachten, das Mittelmeer zu erschließen.

Als sie damit anfingen, war ihnen das Mittelmeer so unbekannt wie

Rundschifflaster

der Mond. Sie wußten gar nichts. Nicht einmal, ob sie an das Ende der Welt stoßen und abstürzen würden. Und sie machten sich trotzdem auf, es zu erkunden.

Sie hatten keine Karten und mußten sich in kleinen Schritten an Flußmündungen und Buchten und Felsen und anderen hervorstechenden Merkmalen orientieren. Sie besaßen nur winzige Schiffe gemessen an den Wassermassen eines ganzen Meeres. Sie hatten zunächst lediglich an den Küsten erprobte, mutige Kapitäne – die allerdings mit einer seemännischen Erfahrung, die seit Jahrhunderten auf sie überkommen war.

Und damit vollbrachten sie das Erstaunliche, ja schier Unmögliche, nämlich um das gesamte Mittelmeer eine zusammenhängende Handelsmacht zu entwickeln. Mit Stützpunkten von der afrikanischen Küste bis Spanien und zurück über Ibiza, Sardinien, Sizilien, Griechenland, den Bosporus, Rhodos, Kleinasien und Zypern. Sie saßen wirklich überall. Hatten ringsum an den Küsten kleine Faktoreien angelegt, wohlgeplante Stationen in „punischer Landschaft", wie die Römer später dazu sagten. Damit meinten sie flachen Strand zum Landen, eine geschützte Bucht mit fruchtbarem Umland und eine Wasserquelle zum Leben.

Immer neue Vorstöße von ihren Stationen aus ins Unbekannte wagend, schafften es die Phönizier sogar, Afrika zu umsegeln.

Und Vasco da Gama, hat der das nicht als erster gemacht? fragt man sich jetzt.

Gemacht hat er. Aber nicht als erster. Wieder als erster, wenn man so sagen will. Aber runde zweitausend Jahre vor ihm vollbrachten diese Leistung schon einmal die Phönizier von einer punischen Landschaft zur nächsten. Sie legten dort allerdings längere Pausen ein wegen des Proviantes. Sie mußten immer erst ihren Weizen aussäen und die Ernte abwarten, ehe sie mit neuen Kornvorräten wieder in See stechen konnten, bis sie den nächsten passenden Platz gefunden hatten.

Und da wir jetzt schon mitten in den phönizischen Großtaten sind, sollten wir auch die anderen gleich anführen. Auch jene, die zeitlich noch nicht an der Reihe sind.

Die Afrikareise war um 600 vor Christus unter der Oberhoheit des ägyptischen Pharao Necho gemacht worden. Die phönizischen Seefahrer lieferten dem Pharao einen großartigen Bericht von ihrer Reise. Und er war der Überzeugung, daß sie alles, aber wirklich alles konnten. Darum kam er auf die Idee, sie einen Suezkanal bauen zu lassen.

Halt! Natürlich nicht. Den gab es ja erst im 19. Jahrhundert. Aber doch einen vom Mittelmeer ins Rote Meer.

Ja, das wollte der Pharao.

Und die Phönizier spuckten gewaltig in die Hände, weil diese Verbindung ihnen schon lange gefehlt hatte. Denn sie hatten im Roten Meer ihre berühmten Tarschisch-Schiffe laufen. Aber die mußten ihre Waren im Golf von Akaba löschen und auf Kamelen über Land weiterverfrachten, weil dazwischen ein Stück Wasser fehlte.

Das sollte sich jetzt ändern.

Ob sich das Geschäft dahinten denn überhaupt lohnte? Und ob. Das östliche Afrika und alles was dazugehörte saß voller Kostbarkeiten. Denken wir einmal an den Handel mit dem sagenhaften Lande Punt oder an den zwischen Salomo und der Königin von Saba – zum Beispiel.

Was war da nicht alles Wertvolles auf diese Weise von Süd nach Nord geschickt worden.

Viele Jahrhunderte ging das schon auf diesem Transportwege. Jetzt endlich wurde der Landstrich zwischen beiden Meeren durchstochen.

Warum denn so viel später das ganze Suezkanal-Projekt als epochal und weiß der Himmel was noch bejubelt wurde? Der alte Weg war leider nicht betoniert und versandete immer wieder. Und nicht jeder hatte im Laufe von Jahrhunderten Lust und Geld, ihn freizuschaufeln und offenzuhalten. Irgendwann war er dann wieder dicht und verschwunden. Und die vielgepriesenen Phönizier saßen schließlich trotz ihrer unverschämten Tüchtigkeit und trotz ihres unverschämten Reichtums auf dem absteigenden Ast. Es waren andere am Hebel.

Die Karthager nämlich – ihre eigene Tochtergesellschaft.

Und die Römer.

Und die Griechen.

Aber das ist wirklich zu weit vorgegriffen. Wir müssen erst noch einmal zurück zu unserem Liebespaar. Der Jüngling konnte so hinfällig nicht liegen bleiben. Also treten wir ein in das feine Haus des Kaufherrn von Sidon.

Es lag hinter hohen weißen Mauern verborgen, umgeben von kühlen Gärten, an das Meer grenzend. Abgeschirmt von der schmutzigen, schnöden Welt, rein und paradiesisch. Die Phönizier machten nicht nur die besten Schiffe; sie verstanden auch, wunderbare Häuser zu bauen.

Der Hausherr empfing seine Gäste im angenehmen Schatten alter Olivenbäume und Zedern mit einem erfrischenden Trunk würzigen Weines, mit zartem Gebäck und saftigen Früchten. Was für eine Farbenpracht in der Obstschale! Feuerrote Granatäpfel, blaue Trauben, grüne Datteln, gelbe Orangen. „Alle Herrlichkeiten dieser Welt findest du in diesem Garten", dachte der Priester-Magier-Doktor und sah auf seine bezaubernde Nefer, die still und traumverloren neben ihrem Liebsten stand, der auf einem Lager von weichen, farbigen Polstern ruhte. Ihre schimmernden Augen waren von Trauer noch dunkler, noch schöner.

Freilich, auch der Jüngling Bemi war ein erfreulicher Anblick.

Und sein Vater ebenfalls.

Sie trugen blauschwarze gekräuselte Bärte und Locken, die ihre schmalen Nasen noch edler machten, als sie schon waren. Beherrscht aber wurden ihre bronzefarbenen Gesichter von übergroßen dunklen Augen.

Die Männer waren, wie hierzulande üblich, in knielange Gewänder mit kostbaren Bordüren gekleidet und hatten an den bloßen Füßen weiche Ledersandalen. Nein, es gab dort nicht ausschließlich so edle Geschöpfe. Das wäre übertrieben. Aber man sollte vielleicht doch bedenken, daß manche Forscher behaupten, die schönste Frau der Welt, die Nofretete, sei eine libanesische Prinzessin gewesen. Und der schönste Mann der Welt, der griechische Adonis, sei auch aus diesem Land gekommen.

Es mußte also etwas dran sein an der Wohlgestalt.

Jedenfalls paßte der Jüngling Bemi sehr wohl zu seiner bezaubernden Nefer. Nur gesund mußte er werden.

Bemi sah traurig auf seine Liebste.

Aber – keine Sorge, mein Junge. Onkel Penetu – möge er ewig leben – machte das schon.

Der berühmte Mann besah sich den Schaden.

In der Tat: Ein Fuß, der nach hinten stand, nützte keinem; er schadete höchstens. Und schmücken tat er auch den schönsten Mann nicht.

Jedoch, es dauerte gar nicht lange, da saß der Fuß wieder, wo er hingehörte. Nachdem der Doktor seinen Patienten mit einem starken Mohntrunk in einen tiefen Schlaf versetzt hatte, rückte er das verdrehte Bein wieder zurecht.

Jetzt wurde es täglich mit Kalmus-Öl massiert, was das Gelenk geschmeidig machen sollte. Dieses ausgezeichnete Heilmittel wurde aus dem Aronstab gewonnen und aus Anatolien importiert.

Leider hatte der junge Mann nicht nur ein kaputtes Bein von seinem Hafensturz. Er hatte auch noch von der Bordwand einen Schlag an den Kiefer bekommen und seitdem einige Schwierigkeiten beim Kauen und beim Schlucken.

Bejammernswert.

Allein, Onkel Penetu richtete auch das wieder.

Und damit der Knochen besser heilen konnte, ernährte er seinen Patienten eine Zeitlang künstlich. Er umwickelte einen Rohrstengel mit Leinen und schob diese Kanüle dem jungen Mann in die Speiseröhre.

Und was den wackeligen Schneidezahn anbetraf, der bei dem Aufprall einen mitgekriegt hatte, der war eine Kleinigkeit für den ägyptischen Arzt. Den befestigte er geschickt mit Golddraht an den benachbarten heilen Zähnen. Kaum zu sehen und doch mit gutem Erfolg.

Nefer war während der Genesungszeit nicht von der Seite ihres Bemi gewichen. Dafür schenkte der Schwiegervater ihr einen Purpurschal. Eine noble Aufmerksamkeit. Hatte doch Purpur den zwanzigfachen Goldwert. Und man benötigte von zehntausend Schnecken die winzig kleinen Drüsen für ein einziges Gramm Farbe.

Es war also eine kostbare Gabe und sündhaft teuer – auch, wenn man sich hier im Lande des Purpurs befand und ein Tuchhandel mit zum Geschäft des Hauses gehörte.

Nein, erfunden hatten die Phönizier die Herstellung dieser Kostbarkeit nicht. Aber sie fertigten sie in großem Stil an. So wie sie aus mancher Kleinigkeit eine große Sache machten, um sie in die Welt zu verschiffen.

Aber genug davon. Machen wir noch einen Gang zum Hafen.

Hier herrschte reges Treiben. Neben den breiten Rundschiffen, die auch in die indischen Kolonien des Landes fuhren, lagen auch Langschiffe. Es waren Kriegsschiffe. Sie wurden mit vielen Ruderern besetzt, immer gleich mehrere nebeneinander an einem Riemen. Darum waren sie schnell und konnten die Feinde flink verfolgen – oder auch flugs fliehen, wenn es sein mußte.

Jedenfalls waren sie gut zum Schutz im Konvoi mit den schwerfälligen Transportschiffen. Aber leider nicht nur.

So ein Kriegsschiff hatte nämlich einen weit vorgezogenen Bug, der mit Eisen oder Bronze beschlagen war, den Rammbug. Damit wurde der Gegner in voller Fahrt gerammt, worauf die Besatzung behend auf das feindliche Schiff kletterte und alles niedermetzelte, was sich bewegte.

Entern nannte man das. Wir werden noch merken, daß man im Überlebenskampf auf See keine großen Skrupel haben durfte.

Langschiff

Es dauerte nicht lange, da ließen einige Leute reelle Geschäfte reelle Geschäfte sein und machten sich als professionelle Raubmörder selbständig. Sie hießen Piraten und rammten, enterten, raubten, mordeten oder entführten alles, was ihnen vor den Bug kam.

Deshalb blieb den Seehandel treibenden Handelsvölkern zu ihrem Schutz gar nichts anderes übrig, als ihrerseits die Kriegsflotte zu verstärken und zu modernisieren.

Jawohl, sagte da einer etwas über den Anfang einer Schraube von Wehr und Waffen, die immer weitergedreht wurde?

Man rüstete damals hauptsächlich mit menschlicher Muskelkraft, wenn ich das so nennen darf. Vor allem mit der der Unterdrückten. Denn damit die Soldaten für ihr spezielles Tun die Hände freibekamen, setzte man Kriegsgefangene, Sklaven und auch Sträflinge an die Riemen. Gelegentlich bis zu hundertsiebzig auf einem Schiff.

Klar, daß es für so viele Mäuler nicht genug zu essen gab. Wo sollte solch eine Menge Proviant verstaut werden, von den Kosten ganz abgesehen. Also mußten die elend Unglücklichen ihren Schmachtriemen engschnallen und von ihrem eigenen Fett zehren, so sie noch welches auf den Rippen hatten. Denn man durfte mit ihnen umgehen, wie immer man wollte. Sie hatten keine Rechte. Es gab viel Peitsche und kein Zuckerbrot. Ein sofortiger schneller Tod wäre menschlicher gewesen. Jedoch hätte man dann keinen Antrieb mehr für die Schiffe gehabt.

Darum schufteten die armen Kerle sich langsam zu Tode, geschunden, hungernd, geschlagen und angekettet an die Ruderbänke.

Sie wurden über Jahrhunderte der Inbegriff für das elendste Leben, das der Galeerensklaven.

An diesem dunklen Kapitel schrieben nicht nur die Phönizier. Der ganze Mittelmeerraum machte da mit. Denn die Römer zum Beispiel hatten die Zeit auch nicht verschlafen. Sie hatten ein großes Reich aufgebaut – durchaus nicht nur mit Liebe. Besonders gern und immer wieder stritten sie mit Karthago, was ohne Seefahrt nicht möglich gewesen wäre.

Genaugenommen waren die Römer von den Karthagern auf die Schiffe gezwungen worden.

Eigentlich waren sie über Jahrhunderte Bauern und Soldaten gewesen. Hatten wohl gelegentlich an die zwanzig Galeeren zum Schutz der Küstenstädte unterhalten. Aber sie waren keine guten Seeleute. Und bald rottete die kleine Flotte untätig vor sich hin. Bis ein Krieg mit den ungeliebten Karthagern nicht mehr abzuwenden war.

Da erließ der Römische Senat in seiner Not ein Dekret – sagt der griechische Geschichtsschreiber Polybios –, daß innerhalb von nur sechzig Tagen hundert Quinqueremen und zwanzig Triremen zu bauen seien (wir kommen auf diese Schiffstypen noch genauer zurück).

Das waren große Worte. Hatten doch die Römer von Schiffbau und Seefahrt kaum Ahnung. Aber sie wußten sich zu helfen. Sie ließen die griechischen Schiffbauer der Seestädte in Süditalien für sich arbeiten, und zwar nach dem Modell einer eroberten Quinquereme.

Aber da sie ihrer guten alten Infanterie doch mehr vertrauten als den Seeleuten, wurde die wendige, schnelle Quinquereme abgewandelt. Heraus kam ein plumper und langsamer, aber geräumiger Transporter für die gut ausgebildete Landtruppe. Gerudert wurden diese Schiffe nicht von Sklaven, sondern von eilends unterrichteten Hirten und Bauern. Überhaupt erst sinnvoll wurde der Einsatz der Infanterie zur See durch die römische Erfindung des Corvus – des „Raben“ oder der „Krähe“. Das war ein hochklappbarer, schwenkbarer Laufsteg, an der Unterseite mit Eisendornen gespickt, um sich in den Planken der feindlichen Schiffe zu verkrallen.

Als die Römer mit ihren schlingernden, schweren Pötten mit dem unförmigen Corvus am Bugmast in die Schlacht geschippert kamen, hielten sich die seegewandten, flotten Karthager die Bäuche vor Lachen über die schwimmenden Fässer. Das verging ihnen aber, als die elf Meter langen Brücken auf ihre Decks krachten und die römischen Legionäre schlachtfreudig paarweise anmarschiert kamen. Jetzt war es vorbei mit dem altgewohnten Schiffeversenken, vorbei mit dem Rammen und dem

Römisches Schlachtschiff

flinken Wiederabdrehen, wie die Karthager es bisher gewohnt gewesen waren. Nun ging es Mann gegen Mann.

Das wurde den Karthagern sauer.

Die Römer siegten.

Und wurden groß.

Sie sackten sich fast alles ein, was vorher den Phöniziern gehört hatte. Eroberten und unterwarfen viele Länder im Umkreis, wozu sie reichlich Schiffe benötigten.

Um ihre Gebiete zu bewachen und zu beschützen, wie sie sagten, entwickelten sie Spezial-Wasserfahrzeuge, die Liburnen. Das waren kurze und hochbordige Schiffe mit wenigen Ruderern, mit einem Rahsegel und einem Mastkorb im Topp – in der Mastspitze – für den Ausguck und für die Bogenschützen. Die wendigen und flinken Liburnen waren rundum überall zur Stelle, wo es brannte.

Außerdem hatten sie vorn und hinten einen Rammsporn. Die Entwicklung paßte sich den Aufgaben an.

Darum brauchten die Römer bald auch viele Handelsschiffe. Die waren eigentlich eine Folge der vielen Kriegsschiffe. Weil nämlich für die weiträumigen Eroberungen eine Menge Krieger nötig waren, wurden immer mehr Bauern in Soldatenkleider gesteckt und auf die Kriegsschiffe geschickt.

Wer bestellte denn dann die Felder, fragt man sich.

Eben. Keiner. Und darum fehlte es im eigenen Land an Weizen. Gab es doch bekanntlich kein Korn, wenn nicht gesät und nicht geerntet wurde. Getreide mußte der Staat von anderswo einführen. Er holte es mit dicken Handelsschiffen aus Ägypten.

Rundbauchig, breit und geräumig waren sie. Tiefschwarz und glänzend die Rümpfe, weil sie mit Pech bestrichen waren und die Unterwasserschiffe mit Blei beschlagen. Oftmals verzierte ein hölzerner Gänsekopf den Achtersteven.

Schöne Schiffe waren es. Nicht gerade elegant, aber vollkommen in ihrer Zweckmäßigkeit – und vertrauenerweckend.

Man fuhr gut mit ihnen nach Ägypten.

Am Nil hatte sich nichts Grundsätzliches geändert. Er trat immer noch pünktlich und fruchtbar über seine Ufer. Trug immer noch kleine, mittlere und große Schiffe und auch noch reichlich Prunkbarken.

Neues gab es nicht. Nur eine Kleinigkeit. Die aber war für die Schiffahrt entscheidend: Man hatte die viereckigen Rahsegel durch dreieckige Lateinsegel ersetzt.

Mit den starren Rahsegeln hatte man bisher nur vor dem Wind laufen können, also wenn er von hinten blies. Und wenn man in eine andere Richtung wollte, mußte man warten, bis er drehte.

Das dreieckige Lateinsegel war mit einer langen Segelstange an einen kurzen Mast gehängt. Beweglich. Am freien Zipfel konnte es hin und her geschwenkt werden. Und wenn man den Wind richtig einfing, konnte man auch gegen ihn segeln. Dabei mußte man im Zickzack kreuzen. Man war unabhängig und kam nicht mehr nur mit Rückenwind voran.

Das Schiff des Südens war für lange Zeit perfekt.

Mit diesen Segeln fuhren die Araber im Persischen Golf, im Roten Meer und im Indischen Ozean. Arabische Dhaus nannte man die Schiffe. Sie waren sehr schnell. Und werden heute noch gefahren.

Lateinsegler

Und die Griechen? Wo blieben denn die berühmten Hellenen? Lagen die inzwischen vollkommen auf dem Trocknen?

O nein! Natürlich nicht.

Sie hatten von Anfang an mitgemischt im Seegeschehen. Von ihnen kam die sagenhafte Geschichte der Argonauten, den fünfzig berühmtesten Helden der Antike, die auf dem ebenso sagenhaften Schiff „Argo", der Flinke, bis ins Schwarze Meer vorstießen.

Und Odysseus war letzten Endes auch ein griechischer Seefahrer. Trieb er sich doch weiß Gott ausgiebig herum auf den umliegenden Meeren. Was wäre wohl aus ihm ohne Schiff geworden?

Alles bloß Sagen – behaupten Sie?

Gut.

Dann sehen wir doch einmal genau hin.

Da waren so um 2000 vor Christus die Minoer mit wunderbaren Schiffen auf Kreta gewesen.

Aus diesen Schiffen entwickelten sich im Laufe der Zeit die Triremen, die besten Schlachtschiffe des Mittelmeeres.

Eigentlich hatten die Korinther viel daran gearbeitet. Aber richtig berühmt wurden die Triremen erst durch den Sieg der Athener über die Perser bei Salamis.

Vor der Schlacht hatte man, wie sich das in Griechenland gehörte, das Orakel von Delphi befragt und erfahren, daß unbezwingbare hölzerne Mauern die Stadt schützen sollten. Präzise waren die Sprüche nicht, die von dort kamen, und man mußte an ihnen herumdeuteln, wenn sie etwas nützen sollten.

Der Feldherr Themistokles überlegte eine Weile hin und her. Und dann rief er: „Leute, ich hab's! Baut Boote, was die Bäume und die Sägen und die Hämmer hergeben! Wenn ihr mich fragt: Mit den Mauern sind Schiffe gemeint. Ich bin ganz sicher."

Er hatte recht und gewann die Schlacht. Und das nicht nur deshalb, weil von jedem Bug zwei große gemalte Augen hypnotisierend den Feind anstarrten, sondern dank der klugen Taktik und ganz besonders, weil die Schiffe so hervorragend waren: zwanzig, dreißig oder vierzig Meter lang, der Schiffskörper leicht gebaut und mit Pech abgedichtet. An Bug und Heck reichverziert, hinten hochgezogen, vorn geschwungen auslaufend mit einem gezackten Rammsporn darunter. Bis zu hundertsiebzig Ruderer brachten die nötige Schubkraft – sowohl vorwärts als auch rückwärts, was im Kampf nicht zu verachten war.

Kein Wunder, daß man diese feinen Fahrzeuge wohlbehütete. Unterwegs wurden sie jeden Abend an Land gezogen, damit sie sich nicht unnötig vollsogen und an Leichtigkeit und Schnelligkeit einbüßten. Zu Hause aber, im Hafen von Piräus, da wurden sie sogar unter Dach gelegt. Ruhten in einer Hafenanlage, die manchen heutigen Hafenwart vor Neid erblassen ließe: Da gab es an den Kais tatsächlich dreihundertsiebzig Bootsschuppen. Immer zwei Schiffe kamen nebeneinander unter ein langes Spitzdach, welches zur guten Durchlüftung von zwei Säulen

Trireme

getragen wurde. Jeder Rumpf hatte seinen eigenen steinernen Slip, seinen Auflaufboden, der in der Mitte eine lange Nut für den Kiel hatte, so daß das Schiff nicht kippte. Die Masten lagen längsseits auf Gestellen daneben. Die Takelage wurde im Arsenal verstaut, einem hundertvierzig Meter langen Lagerhaus. Spezialisierte Bootsleute warteten die kostbaren Schiffe, und die grandiose Hafenanlage war es wohl wert, von einer Truppe aus fünfhundert Mann vor Brand oder Sabotage geschützt zu werden.

Natürlich waren die Triremen oder Trieren, wie sie auch hießen, nicht die einzigen Schiffstypen. Es gab auch die Quinqueremen, die Fünferklasse mit fünf Männern in einer Decksbreite. Und die Siebener- und die Zehnerklasse mit sieben oder zehn Ruderern nebeneinander. Das waren die Polyremen.

Aber das beste Schiff blieb über Jahrhunderte die Trireme.

Man sieht, im Mittelmeer war hinüber und herüber nicht wenig losgewesen.

Neu war jedoch um 330 vor Christus eine mit System geplante Entdeckungsreise. Leiter dieser Expedition war ein Herr Pytheas, ein Geograph, Astronom und Mathematiker aus Massilia, dem heutigen Marseille.

Abgesehen davon, daß auch ihn die Fremde und das Abenteuer lockten, war da noch etwas: Die Phönizier hatten Britannien schon einmal einen kurzen Besuch abgestattet. Das war bekannt. Und ebenso wußte man, daß dieses Land Bodenschätze hatte. Man nannte es auch Zinnland. Und Zinn war begehrt.

Auch die Griechen wollten in das Geschäft einsteigen.

Herr Pytheas fuhr also für sein Land, und außerdem wollte er, wie gesagt, die Welt kennenlernen.

Sie zogen los auf einem gutausgerüsteten Dreidecker von ungefähr fünfzig Metern Länge und mit hundertfünfzig Ruderern. Sie fuhren mit viel Glück und unbehelligt von Seeräubern bei herrlich azurblauem Himmel und ebensolchem Wasser durch das Mittelmeer nach Westen.

Zogen zwischen den Säulen des Herkules hindurch. Die afrikanische hieß Abyle und die europäische Calpe – von den Phöniziern so getauft. Heute heißt die Stelle schlicht Meerenge von Gibraltar.

Bald dahinter bogen sie rechts um die Ecke nach Norden – sie waren auf dem Atlantik. Hätten sie damals gewußt, wie groß und ungestüm der war, wären sie vielleicht doch wieder umgekehrt. Ahnungslos aber fuhren sie weiter, obwohl der Himmel nicht mehr lieblich und das Meer nicht mehr blau war.

Ein sehr rauher Nordwest blies ihnen entgegen. Graue, brüllende See türmte sich furchtbar vor ihnen auf. Ächzend stieg das Schiff beängstigend hoch auf die Wellenberge und krachte dann dumpf dröhnend hinunter in die Täler.

Das Wasser klatschte ihnen um die Leiber. Weißer Schaum zischte ihnen entgegen. Der Sturm riß ihnen die Spucke aus dem Mund. Dicke, dunkle Wolken jagten graugeballt und drohend über ihre Köpfe.

Da haben wir die Seefahrt! Die harte, unbarmherzige, die not tat. Ein bißchen im Sonnenschein herumschwimmen, das konnte schließlich jeder.

Jetzt mußten sie alle mit ihrer schiefen Lage fertig werden. Ihre Mägen rollten hin und her wie das Schiff. Drehten sich wohl auch um. Ihre Gesichter schimmerten gelblich und grünlich und sahen mehr tot als lebendig aus. Ganz recht – die Seekrankheit hatte sie gepackt.

Aber was half es? Mitten auf dem Meer konnte keiner aussteigen.

Nur gut, daß auch diesmal ein kluger Arzt dabei war. Jetzt bewährte sich seine Kunst. Er hatte Tränklein gegen Übelkeit und Sonstiges. Nur gegen die entsetzliche Angst hatte er nichts. Die mußte jeder für sich allein hinunterwürgen.

Sie bogen abermals nach rechts ab, hinein in die Biskaya. Die gab auch nicht gerade eine idyllische Kulisse ab. Auch hier peitschte Wind von vorn die See.

Dann endlich machte er einen Schwenk nach Süden. Griff von hinten in die Segel und trieb das Schiff nordwärts vor sich her.

Bald sahen die mutigen Männer links vorn – backbord voraus, wie die Seeleute sagen – in der Ferne Britannien liegen. Leider war es nur kurz zu erkennen. Ehe sie es erreichten, verschwand es in trübem, grauem Nebel, und sie fuhren sicherheitshalber an der dicken, brodelnden Wand vorbei.

Schade. Jedoch auf dem Rückweg sei auch noch Zeit für Erzgeschäfte, sagten sie sich und erreichten die Nordsee.

Abermals machte das Schiff einen Schwenk nach rechts, in eine breite Bucht. Heute nennt man sie Deutsche Bucht. Und hier segelten sie recht gemütlich unter Land – also in Küstennähe – weiter gen Norden.

Sie sahen Störche und Schwalben und freuten sich, weil sie die aus dem Süden kannten. Allerdings bemerkten sie auch allerlei fremdartiges und absonderliches Getier in den Lüften und im Wasser. Sie trafen Seehunde und Tümmler und weiter draußen auch Wale.

Damals wußten sie allerdings noch nicht, daß es Seehunde, Tümmler und Wale waren, denn sie hatten sie vorher nie gesehen. So bestaunten sie sie – und manches Eigentümliche mehr.

Und dann erlebten sie etwas Entsetzliches! Das Meer lief ihnen unter dem Kiel davon und kam erst nach sechs Stunden zurück. Gerade so, als ob die See schaukelte.

„Aber wie das?“ sagte der Doktor kopfschüttelnd zu Herrn Pytheas.

Der wußte es auch nicht, obwohl er ein sehr gelehrter Mann war. Schließlich sei die Erde immer noch eine Scheibe, sagte er. Das wisse man ganz genau. Wie solle sie da aber im Norden schaukeln und daheim im Süden nicht?

Er löste das Rätsel nicht und beschloß, sich nach der Rückkehr ernsthaft damit zu beschäftigen.

Dazu kam es nicht, denn später zu Hause glaubte man ihm ohnehin nicht. Er sei ein Lügner oder habe einfach zu viel Wein getrunken gehabt, sagte man. Ein jeder täte gut daran, sein albernes Gerede ganz schnell zu vergessen. Jawohl.

Selbstverständlich wissen wir längst, daß der ganze Zauber einfach nur

Ebbe und Flut waren, die man im Mittelmeer nicht kannte. Allerdings konnte man sich schon vorstellen, daß es äußerst beunruhigend wäre, wenn einem plötzlich ein ganzes Meer unter dem Boden davonlaufen und man auf dem Trocknen sitzen würde.

Aber schalten wir wieder zurück zur Expedition, die jetzt weiter nach Norden vorstieß.

Eines Morgens ragten vor ihnen gewaltige graue Felsen aus dem Meer. Dahinter lagen eine tiefe und schmale Bucht und abermals drohender Fels. Die ganze Küste entlang war das so. Als wenn einer einen Riesenkamm aus ihr hatte sägen wollen.

Unheimlich war diese Landschaft, fanden die Griechen, und eisig und düster wurde es in der Luft.

Dennoch fuhren sie – wo sollten sie auch sonst hin – in einen der schmalen Einschnitte, um zu pausieren.

Richtig, es handelte sich um Norwegen. Aber die Südländer wußten das nicht. Sie wunderten sich, daß es in dieser unwirtlichen Gegend überhaupt Einwohner gab.

Die kamen herunter an den Strand, um die Fremden zu bestaunen. Es waren große, kräftige Männer, in Leder und Felle gewickelt. Das war praktisch, denn diese Kleidung schützte vor dem eisigen Wind.

Unsere gelehrten Herren gingen auf den größten der Gruppe zu. Er sah sehr kühn aus. Der Doktor fragte, höflich lächelnd: „Thule?" Denn dieses Land suchten sie auch.

Aber der Lange zuckte die Achseln und sagte mit einer großartig einladenden Handbewegung: „Wiking Fjord."

Darunter konnten die Griechen sich leider nichts vorstellen. Darum sahen sie sich vorsichtig um. Rund um das wilde Wasser duckten sich auf einem schmalen Küstenstreifen niedrige Dachhäuser, mit Moos bewachsen. Auf ihnen tobte eine ungezähmte Kinderschar herum.

Die Fremden gingen mit in das Haus des Großen und wurden freigebig mit heißer Grütze bewirtet.

„Eine sonderbare Speise", dachten sie. Aber herrlich nach all den kalten und nassen Wochen, in denen sie in den Unbilden des Wetters auf dem Wasser gezittert und gebebt hatten.

Jedoch gönnten die beiden Gelehrten ihren Leuten nur eine kurze Ruhepause. Es trieb sie wieder hinaus, denn sie hatten begriffen, daß sie nicht in Thule waren. Leider wußten sie nicht genau, wo dieses sagenhafte Land lag. Darum mußten sie weitersuchen – auf Island vielleicht oder den Shetlands oder Orkneys oder noch weiter nördlich von hier an Norwegens Küsten.

Ich weiß nicht, ob sie es fanden. Jedenfalls fuhren sie noch eine Weile umher, ehe sie endlich wieder in ihren warmen Süden kamen.

Die Wikinger

Da wir schon hier oben sind, sollten wir gleich im Norden bleiben.

Halten wir uns großzügig abgerundet an das Jahr 1000 nach Christus. Wobei es uns auf einige Jahrhunderte vorher oder nachher nicht ankommen soll. Sind wir doch keine exakten Historiker, sondern lediglich ein wenig neugierig.

Um diese Zeit lagen unten an dem engen Fjord am Fuße der dichtbewaldeten Hänge selbstverständlich Schiffe. Die interessieren uns.

Um den Hafen lagen sie.

Nicht so prunkvoll und rund wie die im Mittelmeer waren sie. Aber unglaublich elegant und schnittig. Den Umständen angepaßt.

Und kleiner.

Genau das war es, was die alten Wikinger störte. Denn bei denen sind wir an Land gegangen.

Auch sie trieb die Zeit voran. Sie waren gerade gemeinsam damit beschäftigt, im Innern der Bucht auf einem freien Platz ein großes Schiff zu bauen. Sie klopften und hackten und schlugen fast ausschließlich mit ihren Äxten. Du meine Güte, damit konnten sie umgehen! Handhabten sie gewandt – mal kräftig im Schlag zum Spalten, mal ganz sanft und vorsichtig, wenn das lange Holz millimetergenau geformt und geschabt werden mußte. Doch – Sägen kannten sie auch. Aber sie benutzten sie wenig. Sie schwangen lieber ihre Äxte.

Der Leiter des Schiffbauunternehmens war der große Gastgeber der Griechen. Osta hieß er.

Er war Bonde. Und das bedeutete, daß er der Erste unter Gleichen war, nicht aber ihr Herr.

Man beachte bitte die feinen Unterschiede.

Und doch fügten sich alle seinen Anweisungen. Wenn es ihnen nicht passe, sagte er ruhig, aber bestimmt, dann sollten sie nach Hause gehen. Sie müßten ja nicht.

Aber sie blieben. Denn die Sache interessierte sie und ging letztlich jeden an. Und sie wußten sehr wohl, daß einer dabei das Sagen haben mußte.

Just heute war das wunderbare Schiff fertig geworden. Der lange Eichenholzkiel, reich mit Schnitzwerk verziert, war hinten und vorn auf doppelte Mannshöhe hochgezogen. Er stellte eine sich aufbäumende Schlange dar, deren Kopf wild und grimmig geradeaus stierte. Das Schiff hieß nämlich „Ormen Grimme“, und das bedeutete „Böse Schlange“.

Die Schlange war hierzulande ein Symbol der Macht. Die Menschen glaubten, die Seeschlange sei die Urheberin der Meeresstürme.

Zwischen den beiden Steven, dem vorderen mit dem Kopf und dem hinteren mit dem Schwanz, bogen sich schwungvoll, in der Mitte weit ausgebuchtet, die langen Planken zum Rumpf des Schiffes. Liefen vorn und hinten spitz zusammen. Das nannten die Wikinger Spitzgat. Es war gut, um die Wogen zu durchschneiden, um nicht auf ihnen zu tanzen mit seinem Wasserfahrzeug. Denn das Klima zeigte sich nicht sanft. Es war rauh und stürmisch und die See genauso – mit riesigen Wellenbergen. Man brauchte eine außergewöhnlich wind- und wasserschlüpfrige Schiffsform.

Und stabil mußte sie sein, mit festen Wänden gegen den Wellendruck. Darum überlappten sich die Planken, saßen eine über der anderen wie ein Dach. Klinkerbau nannte man das.

Der relativ kurze Mast stand etwas vor der Schiffsmitte in einem dicken Eichenblock, den sie Kielschwein nannten. Nach achtern und vorn und zu den Seiten war der Mast von kräftigen, straffgespannten Tauen gehalten, den Stagen und Wanten. Als Segel wieder Hemd-an-Stange. Die Wikinger fuhren also ein großes Rahsegel, welches gebraßt, das heißt gedreht werden konnte, um den seitlichen Wind zu nutzen.

Drachen

Es war ein breites, viereckiges, grobgewebtes Tuch, diagonal und an den Rändern mit Leder- oder Leinenstreifen verstärkt gegen die tosende Macht des Sturmes. Und bunt war es. Rot gestreift, mit einer grimmigen Seeschlange bemalt. Großartig! Für den Feind einfach zum Fürchten.

Achtern – also hinten – saß an der rechten Seite an einem Steuerriemen die Ruderpinne.

Nun wissen Sie auch, warum bei den Seeleuten – heute noch – rechts steuerbord heißt. Weil nämlich das Schiff damals an der rechten Seite, am rechten Bord, gesteuert wurde. Und weil der Steuermann dabei mit dem Rücken zur linken Seite des Schiffes stand und Rücken hier bag und später im Angelsächsischen back hieß, darum wurde aus Rücken und Seite backbord – also links.

Die Ruderer waren in dieser Gegend keine Sklaven. Die verbrauchten die Wikinger in Haus und Hof.

Rudern taten sie persönlich. Ungezwungen, als freie Männer. Sie taten es zur eigenen Sicherheit, zum eigenen Vergnügen – und zum eigenen Profit. Denn meistens räuberten sie auch, wenn sie unterwegs waren. Und das machten sie auch lieber in die eigenen Taschen.

Die Ruderbänke in den Schiffen waren stabile Kisten, zum Schutz gegen die Feuchtigkeit mit Fellen bespannt. Hier, in der Seemannskiste, verwahrte jeder seine Waffen und seine persönliche Habe. Sein Platz war sein Eigentum, und, wehe!, ein anderer setzte sich ohne Erlaubnis darauf. Damit war man pingelig. Denn wie gesagt, sie kamen als unantastbar Freie an Bord.

Dort allerdings unterstellten sie sich bedingungslos dem Kommando ihres Steuermannes. Er hatte den uneingeschränkten und absoluten Befehl. War Herr und Richter. Und jeder mußte sich seinem Spruch beugen, ob es ihm gefiel oder nicht und wie groß er sonst an Land auch sein mochte. Wenn ihm das nicht paßte, mußte er eben zu Hause bleiben. Fertig.

Dafür trug dann auch der Kapitän – oder hier hieß er noch Steuermann – die volle Verantwortung für jeden und für alles.

Lediglich wenn das Schiff in eine ausweglose Situation geriet, durfte er sein Amt zur Verfügung stellen und fragen: „Wer weiß es besser?“ Fand sich dann tatsächlich einer in der Mannschaft, der genug Mut und Selbstvertrauen und Ideen hatte, die Lage zu meistern, dann trat der als Steuermann ans Ruder und übernahm alle Rechte und alle Pflichten. Der alte ordnete sich ihm augenblicklich unter wie jeder andere auch. Sie vergaßen nie, daß sie alle in einem Boot saßen und gemeinsam gnadenlos untergehen würden, wenn...

Ein Dichter sagte einmal, die Wikinger lebten im Meer. Nur symbolisch natürlich. So eng an und auf und mit der See lebten sie, daß sie ohne das Meer nicht sein konnten. Sie waren mit dem nassen Element verwachsen – und außerdem stolz und sehr selbstbewußt und unabhängig. Beugten den Nacken vor niemandem. Nicht einmal vor ihren Göttern.

Anfangs fuhren sie nur küstennah zum Fischen hinaus – und um die nächste Klippe zum Nachbarn. Bald aber wurde ihnen der bescheidene Umkreis zu eng. Sie wollten weiter hinaus. Und dazu brauchten sie bessere, größere Schiffe.

Und mit ihnen stellten sie fest, daß überall an Skandinaviens Küsten Wikinger wohnten – einer immer stolzer und mutiger und mächtiger und markiger und streitlustiger als der andere.

Früher waren sie nur einige Tage bei halbwegs erträglichem Wetter auf See gewesen. Jetzt jedoch legten sie plötzlich auf kolossale Weise los. Die Asen, ihre Götter, mochten wissen, was in sie gefahren war.

Sie segelten weit hinaus über den Horizont und merkten, daß die Welt dort noch lange nicht zu Ende war, sondern dahinter immer weiterging – fern und vielleicht sogar unendlich uferlos?

Da konnte sie nichts mehr bremsen. Sie waren geradezu von einem Tag zum anderen expansionssüchtig geworden und tobten gewaltig los. Sie riefen: „An die Riemen! Hoch die Segel! Jetzt wollen wir mal richtig wikingen!"

Damit meinten sie Abenteuer suchen und Beute machen. Meinten durch die Wellen pflügen und über das Meer brausen. Auf gut ausgerüsteten Schiffen. Erobernd und plündernd, voll Schläue und Mut und brutaler Kraft. Sie kämpften mit grausamer Gewalt, tobend, mit rollenden Augen und tierischem Geschrei, um den Gegner einzuschüchtern.

Manchmal waren sie so blindwütig kampfeshungrig, daß sie gar nicht erst ihre Kettenhemden und Ochsenhornhelme anlegten, sondern aus dem Stegreif drauflosschlugen. Das waren die Berserker unter ihnen.

Ursprünglich stand nämlich ber für bar und serk für Hemd. Barhemdig also – die, die ohne sich vorher lange anzukleiden, wild drauflos-kämpften.

Andere sagten, daß Bear-sark Bärenhemd hieße und daß sie vor dem Kampf Bärenfälle anlegten, um sich den Mut und die Kraft dieser starken Tiere anzueignen. Sie seien nackt in diese Tierhäute gekrochen, sagte man, und hätten auf dem Schlachtfeld wild geheult und ungestüm getanzt, ehe sie gewaltig losschlugen.

Wie auch immer: Ein Berserker war damals schon ein ungewöhnlich kraftstrotzender Tatmensch.

Und weil die Erde aus so viel Wasser bestand und sie ihre neuen Schiffe hatten, konnten diese unbezähmbaren Nordmänner so ziemlich die ganze Welt unsicher machen. Sie stoben über die Meere wie Raubvögel über den Teich. Kamen überraschend immer dann, wenn keiner auf sie gefaßt war.

Verschwanden aber ebenso schnell wieder, wenn es ihnen paßte und sie ihre Schiffe voll Beute hatten.

Die Angegriffenen wehrten sich kaum. Gerade als wenn die wilden Schlangenköpfe der Schiffe sie erstarren ließen wie verängstigte Mäuse.

Ach, die nordischen Rauhbeine waren von einem Tag auf den anderen in rasender Wogenfahrt über die Welt gekommen. In männlicher Kühnheit als stolze Herren ihrer unvergleichlichen Fahrzeuge und der weiten Meere. In unbeugsamem Selbstbewußtsein und Stolz. Aber auch in grausamer Härte und wilder Habgier.

Die Wikinger begannen ihre europäischen Raubzüge in Britannien. Die Engländer erbebten und stöhnten: „Damned – sie kommen wie stechende Hornissen und reißende Wölfe über das Wasser."

In diesem Frühjahr wollte auch Bonde Osta mit seinen Mannen einsteigen in das Wikinger-Geschäft. Die „Ormen Grimme" war fertig.

Ehe es losgehen konnte, mußte nur noch eine Feier zu Ehren der Götter abgehalten werden. Ägir war der Gott der Meere. Bei ihm mußten sie mit ihren Opfergaben Gut-Wetter einhandeln. Und Thor, der Gott der Seefahrer, mußte ihnen wohlgesonnen sein.

Auch Wikinger glaubten an ein Weiterleben nach dem Tode. An ein schönes Danach, ein herrliches Heldenleben in Walhalla, ihrem Jenseits.

Und da sie sich das nicht ohne Schiffe vorstellen konnten, begruben sie diese gleich mit den Toten.

Jedoch fanden sie es auf Erden auch nicht schlecht und opferten darum fleißig und freudig den Göttern, um hier möglichst lange bleiben zu können. Wie gesagt, nicht unterwürfig taten sie es, sondern mit steifem Nacken.

Um sich zur eigenen Stärke auch noch der Kräfte ihrer Feinde zu bemächtigen, bestrichen sie ihre Bootskiele mit Blut – dem lebenspendenden Saft. Manchmal mit dem wilder Tiere; noch lieber aber nahmen sie das ihrer Gegner. Tatsächlich, wenn die greifbar waren, legten die Wikinger die Besiegten auf die Erde und zogen die gewaltigen Schiffe über die nackten Körper, ehe sie sie ins Wasser ließen.

Heute tauft man die Schiffe beim Wassern Gott sei Dank nur noch mit Sekt.

Nach den vorbeugenden und vorbereitenden Opferfeiern steckten sich die Wikinger einen goldenen Ring ins Ohr oder ein Goldstück in den Stiefel. Das war Bestechungsgeld. Damit wollten sie die Gattin des Ägir, die Göttin Ran, ermuntern, sie in Walhalla abzuliefern, wenn sie doch wider Erwarten ertrinken sollten.

Nun, dies alles – der Handel mit den Göttern, die wunderbaren Schiffe, die Kraft und der Mut – hätte nicht ausgereicht, die großen Wasser zu überqueren. Sie hätten es nie geschafft, wenn sie nicht einen untrüglichen Orientierungssinn, einen geradezu verblüffenden Instinkt für das Meer gehabt hätten: Sie lasen in den Wolken und den Winden und den Wellen. In der Temperatur und in der Farbe des Wassers. Im Flug der Vögel und im Zug der Fische. Sie nutzten die Strömung und die Dünung. Und sie segelten nach dem Nordstern – dem altbekannten Polarstern – und der Sonne.

Bonde Osta hatte sogar noch etwas ganz Erstaunliches dabei: einen Sonnenstein. Mit dem konnte er tatsächlich nach der Sonne fahren, selbst wenn sie tagsüber nicht zu sehen war.

Auch wenn es wie ein Zaubertrick aussah: Es war ein richtiger Stein,

ein Silikat-Stein. Cordierit hieß er fachmännisch und wurde in Skandinavien und Island gefunden. Ein gelbgraues Mineral, das sich blau färbte, wenn die Sonnenstrahlen genau im rechten Winkel darauf fielen.

So hervorragend ausgerüstet, könne ihnen nichts passieren, sagten sich Wikingers munter. Sie winkten ihren Familien fröhlich zu und riefen vergnügt: „Nun geht das los, Mutter! Zur Hafergrütze heute abend sind wir wieder zurück."

Und schossen Richtung England davon – mit rasenden Wolken und eilendem Sturmwind.

Bis zum Abendessen schafften sie es nicht ganz, und eine Vergnügungsfahrt war es auch nicht. Zumindest nicht für die Heimgesuchten.

O nein! Den Armen standen die Haare unter den Kapuzen senkrecht zu Berge bei soviel Grausamkeit der fremden Eindringlinge. Was nützte ihnen da ihre Gottesfurcht gegenüber diesen bestialischen Heiden!

Denn die Wikinger überfielen mit Vorliebe Klöster. Dort gab es reichlich Gold, Silber und andere Schätze. Sie sackten alles ein, schickten die Nonnen und Mönche ins Jenseits und legten Feuer an die Gebäude. Dann stoben sie blitzartig wieder ab nach Hause. Das Segel voll Wind, den Kiel voll Fahrt, den Rumpf voll Beute – aber ohne jeden Skrupel, denn so etwas kannte man nicht.

Kaum, daß sie ausgepackt und einige Löffel Grütze gegessen hatten, ging es wieder los. Das wilde Leben hatte sie fest im Griff.

Es blieb nicht bei den Klöstern. So viele gab es ja gar nicht. Sie kamen auch in die Dörfer und benahmen sich dort genauso schlecht.

Die Menschen starrten weiter wie gebannt auf die schlangenköpfigen Schiffe und ließen sich abschlachten. Was sollten sie auch anderes tun?

Na, was wohl? Vorher freiwillig zahlen, natürlich. Wikinger liebten doch das Geld.

Also begann man, ihnen hohe Summen zu bieten, um verschont zu bleiben.

Danke, wir nehmen alles, sagten die rauhen Gesellen. Und strichen erfreut die Ablösung ein. Dangeld hieß sie.

Einige drehten tatsächlich nach dem Kassieren ab. Andere nahmen den Sold und plünderten trotzdem.

Ach, die armen Menschen boten ihren Peinigern schließlich jährlich hohe Festsummen, damit sie ungeschoren blieben. Aber letztlich half das auch nicht viel. Die Pfarrer in den Kirchen Europas riefen händeringend von den Kanzeln: „Herr! Verschone uns vor dem Zorn der Normannen!"

Das half leider gar nichts. Die Wikinger flogen unbekümmert weiter dahin wie wilde Möwen durch Wellenschaum und Sturmgetöse. Und kassierten ab.

Glauben Sie mir, wenn die all ihre Unternehmungen zu Fuß hätten ablaufen müssen, sie wären hübsch sittsam daheim an ihren Küsten geblieben. Nur die Schiffe waren es, die ihre Züge in dem Ausmaße ermöglichten.

Endlich merkten einige Nordmannen, daß England ein schönes Land war. Und blieben da. Nahmen sich irgendwann angelsächsische Frauen und vermischten ihre Sprachen miteinander, um sich verständigen zu können. Darum gibt es heute noch in der englischen Sprache so viele skandinavische Wörter – und umgekehrt.

Mit der Zeit wurden die wilden Männer zahm und paßten sich an.

Das waren die nach England gefahrenen Wikinger.

Die anderen wollten weiter in die Welt hinaus. Auch Bonde Osta. Er schloß sich mit seinem Schiff einer großen dänischen Flotte an. Das war im Jahre 889.

Sie fuhren mit siebenhundert Schiffen die Seine aufwärts. In der Tat – nach Paris. Allerdings war es damals noch nicht die Weltstadt, sondern ein Inselort mitten im Fluß.

Aber sie kamen nicht hinein in die Stadt. Die Pariser wollten sie nicht. Wehrten sich mit Händen und Füßen und Erfolg.

Oho! das werden wir gleich haben, sagten sich die Wikinger, legten ihre Schiffe im Kreis um die Insel und belagerten sie.

Aber die Franzosen waren zäh. Hungerten und litten, aber gaben nicht auf. Sie hielten tapfer aus, bis ihr König, Karl der Dicke, zurückkam. Er war mit dem Heer in Familienstreitigkeiten unterwegs gewesen.

Der allerdings kämpfte seine Stadt nicht frei. Er kaufte sie frei. Setzte sich mit dem Oberwikinger zu einem vorzüglichen Arbeitsessen nieder, und vor dem Nachtisch war man sich bereits einig: Die geldgierigen Belagerer bekamen siebentausend Pfund Silber bar auf die Hand. Dafür mußten sie schnurstracks nach Burgund weiterziehen, um dort die rebellischen Untertanen des Königs kurz und klein zu hacken. So unkompliziert war damals die Politik.

Die Wikinger brauchten nicht lange gebeten zu werden. Das war nach ihrem Geschmack. Sie nahmen sich die Burgunder gründlich vor.

Inzwischen waren die erfolgreichen Hünen darauf gekommen, daß es unrentabel war, zwischen den einzelnen Beutezügen immer erst wieder nach Hause zu fahren. Sie wollten letzten Endes in die Welt hinaus.

Also ließen sie Heimat Heimat sein und Grütze Grütze und segelten weiter nach Süden.

Zum Anlanden zogen sie ihre kostbaren Schiffe – waren die doch jetzt noch mehr ihr Heim und ihr Leben – auf Holzrollen an den Strand, um sie vor Flut und Brandung und Sonstigem zu schützen. Und wenn es sein mußte, überrollten sie auf diese Weise ganze Landzungen und gingen auf der anderen Seite wieder zu Wasser.

Ansonsten fuhren sie auf die übliche Art siegend, geschmückt mit heiligen Rabenfedern an den Heldenhelmen, nach Spanien, Sizilien, Italien – just die Route von Herrn Pytheas in umgekehrter Richtung. Und sie ließen dabei keinen lohnenden Winkel aus.

Ein Teil von ihnen war in Frankreich zurückgeblieben. Hatte sich an den Flußmündungen häuslich eingerichtet. Zuerst als unwillkommene Besucher. Dann, nachdem sich ihr übermäßiger Mut ausgeschäumt hatte, vermischten sie sich mit den Franzosen. Sie nahmen deren feine Sitten an und wurden zu Normannen in der Normandie. Verhielten sich zwar stolz, aber ganz normal und ruhig.

Bis im Jahre 1066 Wilhelm der Eroberer über den Kanal segelte und

England besetzte. Aber nicht mehr ungeschlacht wikingerisch, sondern kultiviert normannisch.

Es geht ein wenig hurtig, nicht wahr? Aber wo kommen wir hin, wenn wir alles haarklein nehmen wollen von diesen vielseitigen Mannen. Wir sind ja noch nicht fertig mit ihnen.

Die schwedischen Wikinger segelten logischerweise in die Ostsee. Und an der Gegenküste auf Flüssen ins Land hinein.

Sie wurden von den Finnen Rus genannt. Und das große Land, welches sie eroberten, Rus-Land.

Sie gründeten die Städte Nowgorod und Kiew.

Reisten mit zweitausend Schiffen nach Konstantinopel. Dort wollte man sie nicht und versperrte ihnen den Fluß mit Ketten.

Allein – Wikinger hielt man nicht auf! Sie montierten wieder Räder unter ihre Schiffe und rollten über das Land zur Stadt.

Die Byzantiner erschraken nicht schlecht. Sie überhäuften die Ankömmlinge aus lauter Angst mit Schätzen und Handelsverträgen. Das war klug. Denn so kamen sie recht gut miteinander aus. Na ja, im Laufe der kommenden Zeit nicht immer ganz friedlich. Aber im allgemeinen mochten die Byzantiner die Riesen aus dem Norden, die man hier Waräger nannte. Einige blieben sogar als Leibwächter des Kaisers. Er war gut bedient mit dieser Schutztruppe aus mächtigen, mutigen, kampflustigen Männern.

In Schweden war von den Daheimgebliebenen inzwischen die blühende Stadt Birka auf Gotland erbaut worden. Dorthin segelten die Kaufleute der ganzen bekannten Welt, um zu handeln. Hier konnte man jetzt – dank der Schiffahrt – alles gegen klingende Münze kaufen, was Herz und Hand begehrten: vom russischen Zobelfell über chinesische Seide bis, leider auch, zum Sklaven.

Es waren Slawen, die Ureinwohner des großen russischen Reiches, die hier gehandelt wurden. Aus ihrem Namen entstand das Schrecken verbreitende Wort Sklaven.

Und nicht nur Birka war ein Handelsknotenpunkt. Auch in Haithabu an der Schlei traf man Händler mit Waren aus aller Welt. Und Wikinger, die genauso gut mit ihren kleinen Gold- und Silberwaagen umgehen konnten wie mit den Äxten und den Schiffen.

Dort wurde von einem neuen Schiffstyp gesprochen. Knorr nannte man ihn. Es war der Ozeanriese, das Auswandererschiff der Norweger.

Nachdem die nämlich rund um die Nordsee die Gegend weidlich unsicher gemacht hatten, zog es sie dem weiten, unbekannten Horizont entgegen – der Kimm, wie sie sagten.

Werfen wir einen Blick auf das Unternehmen. Wir kommen gerade rechtzeitig zurück zur norwegischen Küste.

Ein Knorr war kurz vor dem Auslaufen.

Sein Herr hieß Floki.

Aber halt! Vielleicht sollten wir doch noch, ehe wir über See gehen, das größte aller Drachenschiffe erwähnen: den Draker, wie die Norweger sagten.

König Olaf Tryggvason hatte es gebaut. Es sollte das beste und das kostbarste Schiff sein, das es gab. Das war es wohl auch – und das gewaltigste dazu. „Ormen Lange" hieß es, „Lange Schlange", und war achtundvierzig Meter lang, mit kostbaren Schnitzereien und Vergoldungen verziert. Das Segel leuchtete in strahlenden Farben, und an den Bordwänden hingen die buntbemalten Schilde der Krieger wie dicke Schuppen. Ein herrliches Schiff.

Aber Floki war mit seinem Knorr auch sehr zufrieden. Er war froh, daß er Frau und Kind und Leute und Vieh verstaut hatte – und Sack und Pack. Denn er hatte es eilig, auszuwandern.

Warum das?

Er war geächtet, weil er Blutrache geübt hatte. Das geschah oft in diesem Land. Es bedeutete, daß er zum Abschuß freigegeben war.

Darum suchte er, Gott Ägir mochte wissen wo, eine neue Heimat. Irgendwo draußen hinter den turmhohen Wellenbergen und den heulenden Winden.

Man muß sein solides Gottvertrauen bewundern, daß er unter diesen Umständen loszog. Allerdings hatte er keine andere Wahl, wenn er seinen Kopf oben behalten wollte. Und zum Nachdenken kamen sie überhaupt nicht vor Eile und Arbeit. Noch dazu hielt Sohn Thorgi sie gut in Atem – unter Wind, wie der Seemann sagte.

Das war nicht verwunderlich. Denn ein aufgeweckter Wikingerjunge, in Freiheit aufgewachsen, konnte sich beim besten Willen nicht von einem Tag auf den anderen zum wohlerzogenen, braven Knaben wandeln, der in der Enge eines Schiffes still in der Ecke sitzen blieb. Der mußte einfach jedem vor die Flossen rennen, wie sein Vater brummte.

Richtig ungezogen war er gar nicht. Eben nur neugierig und sehr helle.

Und oft hatte er Langeweile Wenn er nicht herumrumorte und auch sonst nirgends zu hören war, dann hockte er gewiß irgendwo an der Bordwand und schnitzte mit seinem kleinen Messer Zeichen und Figuren in das Holz. Etwas mußte ein pfiffiger und kreativer Bengel schließlich tun, so wochenlang ohne Auslauf.

Nur hatte diese seine Kunst einen gefährlichen Haken. Darum donnerte Floki gleich gewaltig los. Wenn das alle tun wollten, dann könnten sie demnächst zu Fuß weitergehen! Jawohl! Denn dann hätten sie ihr Schiff bald aufgeschnitzt.

So gesehen hatte er natürlich recht.

Thorgi trollte sich verdrossen. Schon gut. Schon gut. Er würde sich etwas anderes suchen, ehe er sich auf dem engen Kahn zu Tode langweilte.

Aber er konnte das Schnitzen nicht sein lassen. Es juckte ihm immer wieder in den Fingern. Und ehe er es eigentlich gewollt hatte, grinste schon wieder ein kleines Trollgesicht von der Bordwand.

Da bekam er kurzerhand eine Ohrfeige.

Und dann, als die auch nichts geholfen hatte, endlich ein Stück Holz.

Mein Gott, sagt man sich ungeduldig, warum nicht gleich?

Ganz einfach, weil Holz an Bord etwas ungemein Kostbares war. Und weil keiner wußte, wann sie je wieder einem Baum begegnen würden. Das allein war der springende Punkt. Darum mußte selbst der kleinste Splint für das Schiff verwahrt werden.

Jedoch was half es – was denn sein mußte, mußte wohl sein. Natürlich untersuchte Thorgi auch noch manches andere. Zum Beispiel diesen faszinierenden Sonnenstein.

„Laß das bleiben, Bengel!" knurrte der Vater streng und mit Nachdruck.

Statt dessen ließ Thorgi das gute Stück fallen. Und fing sich augenblicklich den zweiten Backenstreich ein.

Mehr Zeit hatte Vater Floki nicht für das Malheur. Denn der Wind brieste gewaltig auf und fing an zu jaulen. Eine böse Nacht brach an. Aber der alte Wikinger war ruhig und besonnen. Er war in seinem Element. Obwohl wirklich ein arges Wetter tobte.

Man hätte glauben können, daß sie mitten im Sturm auf einem Fleck stehenblieben und die Erde an ihnen vorbeiraste, so schwindelerregend schnell jagten die riesigen Wolken unter dem nachtschwarzen Himmel über sie hinweg, und die Wellenberge stiegen vor und hinter ihnen hoch auf.

Thorgi saß dicht unter dem Ruder – bibbernd und zitternd vor Kälte und jetzt auch vor Angst. Denn letzten Endes war er ein Kind und kein Berserker.

„Was soll wohl aus uns werden in diesen eisigen Fluten", dachte er verzagt, „wenn Thor und Ägir unser stolzes Schiff vielleicht doch versenken?"

Und seine Mutter schob ihm stumm eine Goldmünze in die Backentasche – für alle Fälle als Eintrittsgeld in Walhalla. Mit diesem Edelmetallstückchen im Mund würden die Götter den Knaben schon finden, dachte sie. Denn Gold leuchtete auch aus großen Tiefen hell herauf. „Flamme des Meeres" nannte man es deshalb.

Ach, in seiner Not fing der kleine Junge sogar an zu beten. Flüsterte in das nächtliche Getöse: „Ich flehe euch an, hohe Herren." Aber dann fiel ihm ein, daß man den Göttern nicht mit Beten kommen konnte. Verhandeln mußte man mit ihnen. Also reckte er sich, so gut er in seinem Elend konnte, stolz auf und fing mutig und energisch noch einmal an: „He – ihr! Herren der himmlischen Heerscharen! Was wollt ihr großen Männer schon in eurem blitzsauberen Heldenhimmel mit so einem kleinen, frechen Bengel wie mir anfangen? Ehe ich euch da oben auf die Nerven gehe, sollten wir doch lieber hier unten ein Geschäft miteinander machen, ja? Wie wäre es, wenn ihr unser einsames Schiff verschont und euch dafür ein oder zwei andere holt?!"

Schon gut – das war nicht fein. Aber das mußte man sagen: Der Junge verstand sein Geschäft und wußte, wie er mit seinen Göttern umgehen sollte.

Und schließlich: Was hätte er sonst wohl bieten können? Er hatte doch nichts. Nur sein gesundes Selbstvertrauen.

Wie auch immer – der tosende Sturm zerbrach endlich in einzelne Böen. Flaute ab. Und ging schließlich wieder schlafen. Die kalte nördliche Sonne schickte das erste Grau des neuen Tages in den finsteren Sternenhimmel. Stieg dann selbst auf den Horizont.

„Siehste wohl, da guckst du gleich ganz anders in die Welt", sagte Thorgi leise. Die Angst der dunklen Nacht war im hellen Tageslicht verschwunden.

Jetzt ging es flott vor dem Wind und mit der Strömung voran über die Shetlands zu den Faröer und dann weiter, immer weiter nach Westen.

Sie hatten drei Raben als Wegweiser an Bord.

Ich gebe zu, das klingt wunderlich. Aber es hatte seinen Grund.

Odin, der höchste Ase, trug stets einen Raben auf seiner Schulter. Er berichtete ihm vom Geschehen in der Welt. Diese Vögel waren also klug – und heilig dazu.

Auch die von Floki waren geweiht.

Einige Zeit nach den Faröer, wieder draußen auf hoher See, ließ Floki den ersten Vogel frei. Er flog zurück, direkt zu den eben verlassenen Inseln. Das Tier fand augenblicklich mit dem sicheren Instinkt der

Kreatur den kürzesten Weg zum nächsten Land. Raben waren halt keine Wasservögel.

Jetzt wußte Floki, daß vor ihm noch kein fester Boden in Reichweite lag.

Nach einer Weile ließ er den zweiten Vogel frei. Der drehte suchend einige Runden über dem Schiff und kam dann wieder herunter. Er hatte offensichtlich nichts Besseres erspürt. Weder vorn noch hinten noch sonstwo war für ihn Land zu wittern.

Floki behielt die Ruhe. Nur keine Hetze – es würde schon noch klappen.

Leider fummelte sein Sohn so lange ungeduldig am Käfig herum, bis er aufging und die beiden Vögel munter krächzend entfleuchten – geradewegs nach Nordwesten.

Auweia! Jetzt setzt es was, denkt man. Verdient hatte er es.

Jedoch der kleine Lümmel bekam diesmal keine Maulschelle. Dazu hatte sein Vater nämlich keine Zeit mehr. Jetzt mußte er auf Teufel komm raus den schnell abziehenden Raben hinterher. Die hatten Land in den Nasen.

Es ging direkten Seeweges nach Island, der Insel aus Feuer und Eis, wie sie später sagten, weil die Geysire – die heißen Quellen – und gelegentlich auch ein Vulkan mitten im Eis rauchten.

Floki war ein guter Seemann, leider jedoch ein schlechter Landmann. Er brachte es in der neuen Heimat zu nichts. Zu gar nichts. Gerade als ob er auf dem festen Boden seine Besonnenheit und Überlegenheit verlor. Ja, seine Vernunft, seine kühle Voraussicht, seine ruhige Umsicht schienen an Deck seines Schiffes geblieben zu sein. Denn er lebte mit den Seinen im Sommer herrlich und in Freuden und versäumte dabei, Vorräte für den Winter hinzulegen.

Der kam dann unerbittlich und streng. Und mit ihm eine Katastrophe. Die Leute wußten nicht, ob sie mehr hungern oder mehr frieren sollten.

Im nächsten Frühjahr machten sie, daß sie wieder nach Norwegen zurückkamen.

Natürlich schimpften sie dort erst einmal so recht nach Wikingerart furchtbar auf das verfluchte Eisland. Wer sonst wohl sollte schuld sein an ihrer Misere. Sie selbst jedenfalls nicht. Niemals.

Aber sie konnten es trotzdem nicht lassen, mit ihren, ach, so gewaltigen Erlebnissen schaurig anzugeben. Einer der Leute behauptete sogar, daß dort drüben von jedem Grashalm Butter tropfe.

Die Wikinger nahmen das nicht so ernst. Sie grinsten und nannten den Erzähler seitdem Thorolf-Butter.

Floki wurde jetzt auch nicht vogelfrei umgebracht. Die Erlebnisse aus fernen Welten – wahr oder nicht – schienen zu wichtig, als daß man ihm für immer das Maul stopfte.

Und der große Mann erzählte viel. Um die Wahrheit zu sagen: Er log ganz schön dazu.

Jedoch, wie gesagt, das war bei Wikingers so üblich. Dieses Volk war eine eigenartige Sorte Mensch. Und außerdem lag nahezu jeder mit jedem in Blutfehde.

Darum nahmen neu Geächtete gleich die Gelegenheit wahr, sich davonzumachen und auf der fernen, verfluchten und doch so gepriesenen Insel zu siedeln.

Gewiß doch, zu Schiff natürlich, weil auch von Norwegen nach Island das Wasser keine Balken hatte.

Inzwischen klappte es auch besser mit der Landwirtschaft. Es gab zwar keine Bäume auf der Insel, und sie mußten ihre Häuser aus Grassoden bauen. Aber sie hatten sich diesmal von zu Hause Schafe mitgebracht. Mit denen eröffneten sie gezielt eine feine Zucht.

Das war die Grundlage für die berühmte Islandwolle.

Nun ging es allen gut.

Leider dauerte es nicht lange, bis sich diese Heißsporne schon wieder in den Haaren lagen. Besonders tat sich dabei Erik der Rote hervor. Er war gewaltig stolz und gewaltig grausam und streitsüchtig. Sein Nachbar zu sein, war meistens tödlich.

So lange schlug er sich herum, bis auch er wieder als Geächteter vom

Platz gewiesen wurde. Na bitte – zuckte er hochmütig die Schultern, bestieg seinen Knorr und legte ab.

Er nahm noch andere Geächtete mit und andere Verzweifelte auch, denn es war schon wieder eine Hungersnot gekommen. So ist es: Wer nur Streit im Kopf hat, der kommt nicht zum vernünftigen Wirtschaften.

Abermals suchten sie also ihr Glück hinter dem Horizont.

Als der große Kämpe schließlich doch wieder zu seiner Frau nach Island zurückkehrte, hatte er selbstverständlich großartige Wunderdinge erlebt. Wer hätte anderes erwartet!

Gar schaurig schnitt er auf. Die Insel, die sie jetzt entdeckt hätten, hieße Grönland – grünes Land. Sie sei so fett und saftig und lieblich und schön, daß man glauben könne, es handle sich um Walhallas Garten.

Das Eis dort verschwieg er.

Und vom Walfang schwelgte er: wie sie in kleinen Booten die großen Tiere ins flache Wasser getrieben hätten, um sie dort zu harpunieren.

Vor allem – und das war nicht gelogen – jagten sie den Nar-Wal. Der hatte einen einzigen, langen, gedrehten Stoßzahn. Der war der Grund, das Tier zu verfolgen. Denn mit dem Stoßzahn betrogen die gewitzten Burschen die Welt. Sie verkauften ihn als Horn des sagenhaften Einhorns, das es ja überhaupt nicht gab – außer in der Fabel.

Allein, wenn es um Wunderdinge ging, dann glaubten die Menschen gern und viel. Schon damals.

Jedenfalls versilberten die Wikinger diese Zähne mit Erfolg und gutem Gewinn. In Pulverform als Liebestrank und als Mittel gegen Epilepsie – und Durchfall. Mit einem Stückchen davon könne man Gift in der Nahrung erkennen und Wasser reinigen, so beteuerten sie ernsthaft. Rieben sich die Hände und lachten sich eins, denn die Menschen fielen gläubig auf den Schwindel herein. Und sie selbst kamen gut auf ihre Kosten.

Erik schwärmte auch von wunderbaren Eisbärfellen. Und von weißen Falken. Und von Unmengen Eiderdaunen.

Mit all dem würden sie gewiß eine Menge Silber und Gold machen. Allein – man war gut beraten, davon nur die Hälfte zu glauben.

Aber immerhin.

Wen wunderte es da, daß Eriks Sohn Leif schließlich auch mit seinem Schiff hinter dem Horizont verschwand.

Und er sei mit den Seinen in ein noch viel herrlicheres Traumland gesegelt, behauptete er später. Viel schöner als der Göttergarten. Vin-Land hätten sie es genannt.

Und sie hätten gleich noch ein zweites Paradies entdeckt, unendliche Wälder, aus denen man so viele Schiffe bauen konnte, wie man nur haben wollte. Das Markland.

Tatsächlich waren sie bis Amerika gekommen.

Leider, sagte Leif, seien die Eingeborenen dort entsetzliche Schreihälse gewesen, richtige Skrälinger. Und weil sie keine Lust gehabt hätten, sich mit denen herumzuzanken, schimpfte er, seien sie nach Grönland zurückgesegelt.

Man fragt sich, ob etwas nicht mehr stimmte mit den wilden Wikingern. Gingen sie doch sonst keinem Streit aus dem Weg. Waren die Helden am Ende müde?

Sie waren es. Waren nicht mehr die alten, echten Nordmannen von früher. Ihre Wildheit begann zu schwinden und damit ihre Macht und ihre Größe. Sie verweichlichten im Wohlstand.

Sie wurden eitel. Wollten ihre schlichten, praktischen Fell-Parkas nicht mehr tragen. Kleideten sich statt dessen nach europäischer Mode mit feinen Wollmänteln und großen Kapuzenkragen. Kapuzen, an denen ein langer Bammelschlauch den Rücken herabhing, das Liripipium.

Es hieß tatsächlich so.

Ursprünglich war es sehr sinnvoll erdacht gewesen: Man tat die Wertsachen hinein und trug sie auf diese Weise sehr sicher mit sich herum. Oder aber man benutzte das lange Ende, um damit die Kapuze fest um den Hals zu binden. Jetzt allerdings waren die stolzen Wikinger so geckenhaft geworden, daß sie die Zipfel sinn- und zwecklos lang bis auf die Hacken trugen. Unnütz, nur aus Putzsucht und Eitelkeit. Und „wikingen“ konnten sie in diesem Aufzucht auch nicht mehr.

Aber das war ihnen gar nicht mehr wichtig.

Wenn so ein Volk von Urviechern anfing, modischen Tand zu lieben und keine Lust auf gewalttätige Händel mehr hatte, dann stimmte mit ihm etwas nicht mehr.

Es wurde still um Island und Grönland. Und auch anderwärts ging es zu Ende mit der Urgewalt der Wikinger. Mit dem Volk, das so großartig über die Meere gejagt war und die ganze Welt hatte erzittern lassen. Es hatte seinen überschäumenden Saft verloren.

Nur vereinzelt wallte das Normannenblut wieder auf. Kam noch gelegentlich durch und auch der Stolz auf die gewaltigen Vorfahren mit den herrlichen Schiffen.

1893 bauten Norweger das im Sandefjord gefundene Gokstad-Schiff nach und überquerten mit ihm in achtundzwanzig Tagen den Atlantik. Allerdings nicht, um Heldentaten zu vollbringen, sondern um die Route ihrer Vorfahren nachzuvollziehen.

1950 startete ein nachgebautes Wikingerschiff in Schweden. „Ormen Friske“ hieß es, „Schnelle Schlange“. Es wollte nach Paris und zerschellte in den Untiefen des Wattenmeeres der Deutschen Bucht. Nur Bruchstücke trieben an die Küste und einige Tote. Kein Mann überlebte.

Nein – aus und vorüber die Zeit der schönsten Schiffe mit den mutigsten Männern. Man konnte sie nicht zurückholen.

Die Hanse

Das 14. Jahrhundert hatte begonnen. Die Hanse, ein Bund von freien Handelsstädten im norddeutschen Raum, finanziert von Kaufleuten, war wirtschaftlich und politisch im Kommen. Der soziale Hintergrund: Wer frei sein und ohne Knechtschaft und Fron leben wollte, zog in die Stadt. Und wer hier hundert und einen Tag gelebt hatte, der war sein eigener Herr. Viele von diesen Freien waren Handwerker. Sie bauten Häuser und Dome. Bauten eng zusammen, jeder dem anderen zum Schutz.

Regiert wurden sie von Stadträten. Ihnen mußten die Bürger ihre Steuern zahlen.

Die Zünfte bestimmten das Handwerk.

Für Recht und Gerechtigkeit sorgte das Stadtgericht und für den Schutz und die Ordnung die Bürgerwehr.

Für alles war gesorgt.

Wer jedoch im großen Stil Handel treiben wollte – und welche aufstrebende Stadt wollte das nicht –, der mußte das Wasser nutzen. Die Flüsse und die See. Und dazu brauchte man wieder einmal Schiffe.

Die Hanseaten jedenfalls erkannten den Vorteil der Wasserwege – und machten mit Geschick einträgliche Geschäfte. Sie fuhren als bewaffnete Kaufleute über die Meere. Fuhren mit extra gebauten Schiffen, den Koggen.

Es waren breit ausgebauchte Fahrzeuge von reichlich zwanzig Metern Länge und fünf Metern Breite. Hinten auf dem Achterdeck befand sich eine kastellartige, erhöhte Plattform, viereckig umbrüstet. Dort standen bei einem Angriff – Seeräuber gab es immer noch – die Verteidiger zur Abwehr. Die Bogenschützen saßen oben im Mastkorb.

Kogge

Die Kogge war ebenfalls ein stabiler Klinkerbau.

Damit sie möglichst viel Fracht fassen konnte, hatte sie einen flachen Boden und keinen spitz zulaufenden Kiel. Sie wurde nicht gerudert. In der Schiffsmitte stand ein kräftiger Mast mit einem einzigen breiten Segel. Weil es zu groß war für die Handhabung mit einfacher Muskelkraft, stand auf dem hinteren Deck eine hölzerne Winde, das Gangspill. Die Landleute würden Kurbel sagen, die Seeleute nannten es Winsch.

In dieser Winde steckte ein langer Stock – die Spillspake –, den die Männer mit vereinten Kräften in die Runde schoben und so die unter Druck stehenden Segeltaue festzogen.

Das war eine großartige Erfindung für die Mannschaft. Eine bemerkenswerte Erleichterung, fanden sie. Fürderhin hieß es, wenn irgendeine Schwierigkeit zu bewältigen war, welcher Art auch immer: „Jawoll doch! Das machen wir mit der Winsch, Kaptain!" Womit sie ausdrücken wollten, daß sie allemal mit dem Problem fertig werden würden.

Außerdem hatte die Kogge ein neues Stevenruder, denn jetzt saß die Ruderanlage nicht mehr wie bisher an der rechten Seite, sondern in der Mitte. Die Bezeichnungen steuerbord und backbord für rechts und links blieben allerdings erhalten.

Ich sage das hier so leicht hin. Dabei war auch das Stevenruder für das Schiff eine aufsehenerregende Neuerung. Es konnte mit ihm besser auf Kurs gehalten werden. War doch die Kogge keine flotte Rennziege, sondern ein behäbiges, gewichtiges und schwer zu steuerndes Frachtschiff.

Ihre Form erinnerte an einen runden Holzschuh.

Und damit sie sich immer schön senkrecht hielt auf dem oft sehr bewegten Wasser, lagerte ganz unten in ihrem bauchigen Innern eine Schicht Steine als Ballast zum Stabilisieren. Auf dem Deck darüber wurden der Wein und das Trinkwasser verwahrt – in Tonnen. Je größer das Schiff war, um so mehr Tonnen gingen also hinein. Ab jetzt wußte jeder Fachmann, wenn einer sagte, so und so viele Tonnen fasse sein Schiff, wie groß dieses war.

Nein, natürlich wurde nicht die ganze Ladung in Fässer gepreßt. Die Tonnen – oder später Tons – waren das Maß für die Größe eines Schiffes geworden, egal, ob die Fracht in Ballen, Körben, Säcken oder Fässern transportiert wurde.

So also sahen die Wasserfahrzeuge der neuen Zeit aus. Die dicken Koggen, die den schlanken Wikingern den Rang abgelaufen hatten – weil sie den jetzigen Erfordernissen angepaßt waren.

Wo wir schon hier im Norden sind, gehen wir einmal in Bergen, im Waag-Fjord, vor Anker.

Die Natur war geblieben. Die schwarzbraunen Klippen der norwegischen Küste hatten ihr Gesicht im Laufe der Zeit nicht verändert. Das Leben hatte sich mit den Zeitläuften hier allerdings gewandelt. Doch – Norweger gab es in Bergen noch. Nur waren sie nicht mehr die stolzen Herren im eigenen Lande. Sie lebten zusammengedrängt auf der linken Fjordseite in wirklich sehr schlichten Holzhäusern, eng in felsig-holprigen Gassen. Sie gingen finster und böse blickend umher, die Fäuste in den Hosentaschen geballt.

Freilich, Bergen war eine blühende Handelsstadt geworden. Die Königin der Handelsstädte, wie sie selbst behauptete. Nur waren die Könige nicht die Skandinavier, sondern fremde Handelsleute – die Herren der Hanse.

Sie beherrschten aufgrund ihrer Geschäftstüchtigkeit und ihrer Koggen mit Geld und Recht und Macht das Land. Hatten das ganze rechte Fjordufer für sich beansprucht und mit ihren stattlichen Bauten besetzt. Mit ihrem Handelshof, der Brücke, wie er in Bergen genannt wurde. Er umschloß Faktoreien, Kontore, Werkstätten und Wohnungen. Bot allen anwesenden Hanseaten Arbeit und Schutz in der wilden Fremde. War voller Betriebsamkeit durch die vielen an- und abfahrenden Hanseschiffe.

Die Handelshöfe waren in allen Niederlassungen der Welt reine Männerstädte. Wer hier leben wollte, mußte sich ganz dem Handel widmen und der strengen Ordnung des Hansebundes unterwerfen. Er durfte keine Frau und kein Mädchen mitbringen. Man fürchtete, die hätten die harte Zucht lockern können.

Heimlich grinste man über die Zwangswitwer und Junggesellen und nannte sie Pebersvende, Pfeffergesellen.

Aber wirklich nur leise. Laut traute es sich keiner. Denn sie waren nicht zartfühlend, die Hanseherren, wenn etwas gegen ihren Sinn und gegen ihre Sitte ging. Wie roh sie waren, konnte man auch abends im „Schütting" erleben. So hieß ihr Rats-, Fest- und Trinksaal, der im Hansehof lag. Ein großer, fensterloser Raum, in dessen Mitte ein offener Kaminherd mit lodernden Tannenscheiten stand.

Der Fremde hoffte dort natürlich nach einer windigen Überfahrt in unfreundlicher Witterung auf eine gemütliche Stunde am behaglichen Feuer. Doch meistens kam es anders. Denn beizender Rauch lag in dem ohnehin schon stickigen Raum. Hier saßen – um die Wahrheit zu sagen – in allabendlicher Trübsal und Langeweile die Hansemänner mit sich allein beisammen. Hatten eigentlich nichts anderes zu tun, als kräftig die Kannen und Becher zu heben. So lange, bis sie voll waren wie Falstaffs.

Vorher allerdings erlaubten sie sich noch einigen Zeitvertreib. Hänseln – jawohl, das kommt von „Hanse" – nannten sie die grausamen Rauchspiele, die jeder Neuling zum Gaudi aller erdulden mußte, wenn er vom Lehrling zum Gesellen werden wollte: Der betroffene Jüngling wurde an einem Strick mit Gejohle und Gegröle in den Kamin hinaufgezogen. Dann zündete man unter ihm allerhand gräßlich stinkende Sachen an: Haare, Tierhäute und so mancherlei.

Das arme Opfer hing oben in dem heißen, beißenden Rauchfang. Wurde in seinem jämmerlichen Zustand weidlich verspottet und mußte zu allem Überfluß noch spitzfindige Fragen beantworten.

Erst danach wurde es freigelassen – mehr tot als lebendig, manchmal auch ganz hinüber.

Gewiß eine seltsame Gesellenprüfung und ein befremdliches Vergnügen dazu. Eine widerliche Angelegenheit.

Mag sein, daß es in der Brücke besonders rauhbeinig zuging. Möglich auch, daß das Klima seinen Teil dazu beitrug. Sagte man doch, Bergen sei das Tor zu Dauerregen, wilden Stürmen und heftigen Gewittern. Und die Leute kämen aus hochgeklappten Kragen und heruntergeklappten Hüten nicht heraus, und die Nässe liefe in die Stiefel.

Und doch war die Regenluft angenehmer als der stinkende Dunst im Schütting.

Im Hafen von Bergen lagen viele Schiffe am Kai. Aus aller Herren Länder, sozusagen. Denn die Hanse war weitverzweigt und durch Meere und Wasserstraßen verbunden.

Ein schönes Schiff war aus dem Stalhof. So hieß in London die hansische Niederlassung.

Nein, das ist kein Druckfehler. An der Schreibweise – ohne h nämlich – erkennt man, daß dieser Ort mit dem harten Stahl nichts zu tun hatte. Stalen war das alte Wort für stempeln. Stempelhof würden wir heute also sagen. Und wer hätte noch nicht auf alten Bildern Ballen oder Säcke oder Kisten gesehen, die voller Stempel und Siegel waren.

Ein anderes Schiff kam aus dem Rosenhof in Wismar.

Ganz draußen aber lag das schönste Schiff, die „Holde Hulda". Sie kam aus Lübeck und wollte mit norwegischem Stockfisch und Speckstein weitersegeln nach Visby auf Gotland. Norwegischer Stockfisch war Kabeljau, an Stöcken in der Salzluft getrocknet. Die Trockengestelle standen meistens auf den Klippen. Darum hieß er auch Klippfisch. Er war ewig haltbar und eine Delikatesse – sagte man. Manch einem roch er gammelig in der Nase. Aber das war zweifellos Geschmacksache. Beim Speckstein handelte es sich um ein weiches Gestein, welches hierzulande vorkam und sich wie Holz schnitzen ließ.

Wir sollten an Bord gehen und uns umsehen und umhören: Wo immer man hinkam, wurden von der Stadt Visby Wunderdinge erzählt. So, als wenn dort der Himmel auf Erden sei. Sie mochte also ein lohnendes Ziel sein, und die „Holde Hulda" machte einen guten Eindruck. Und auch ihr Kapitän. Herr Hendriksen war groß und breit von Statur und blond, mit stahlblauen, ernsten Augen. Er trug einen feinen schwarzen Anzug mit kurzen Pumphosen, lange Lederstiefel und ein ledernes Wams. Auf dem schulterlangen Haar eine schwarze Kappe.

Eine erstaunlich elegante Erscheinung für einen Seemann. Ein Kapitän stellte eben etwas dar.

Gerade betrat er die Gangway – das schmale Laufbrett zwischen dem Land und dem Schiff – und schwankte mit unnachahmlich wiegendem Seemannsgang über den Steg an Bord. Alle Besatzungsmitglieder erwiesen ihm Ehre, wo immer er hinkam. Und er kam überallhin. Denn vor jedem Auslaufen inspizierte Herr Hendriksen persönlich sein ganzes Schiff. Guckte in alle Luken und in jede Ecke. Ihm entging dabei selten etwas.

Im obersten Aufbau am Heck – also auf dem Achterdeck – hatte der Kapitän seinen Wohn- und Schlafraum. Seine Koje sah aus wie ein Wandschrank. Koffer gab es keine an Bord. Die waren hier ebenso unvorstellbar wie eine Fußballmannschaft in Lackschuhen. Der Kapitän hatte für seine persönliche Habe eine eichene Kapitänskiste. Mitten im Raum standen ein schwerer Backentisch und ein stabiler Hocker. Nicht gerade üppig, aber solide und zweckmäßig, von gutem Holz und Handwerk und auf dem Boden festgeschraubt, damit bei Seegang nichts hin und her rutschte. Auf dem Tisch lagen die Seekarten in Form von Papierrollen. Auf diesem Gebiet war man noch nicht sehr fortschrittlich. Die Karten stimmten nicht ganz. Aber immerhin waren sie besser als gar nichts. Daneben sah man so etwas wie einen Sextanten – ein geographisches Meßinstrument. Damit konnte Herr Hendriksen den Winkel zwischen Sonne und Horizont messen und dann errechnen, wie weit er vom Äquator entfernt war. Ungefähr jedenfalls.

Über dem Tisch hingen eine tranfunzelige Windlaterne und eine Sanduhr. Gewiß, wenn ich's doch sage: ein Stundenglas. Es zeigte die Zeit an und bestimmte den Wachwechsel der Mannschaft an Deck. Es war ein wunderschönes, großes Stundenglas. Da noch kein Schiffschronometer erfunden war, maß man die Stunden vorerst weiter mit der Sanduhr. Man fuhr sogar recht gut mit ihr. Machte ihr doch die

Schaukelei durch die Wellenbewegung nichts aus. Sie rann unbeirrt weiter. Nur durfte man das Umdrehen nicht vergessen.

Die Besatzung war um diese Zeit auch auf so einem feinen Handelsschiff alles andere als nobel. Bunt zusammengewürfelt und verwegen war sie. Zimperlinge konnte man hier nicht gebrauchen, denn die Arbeit und das Leben an Bord waren hart und rauh und auch grausam. Aber nicht grausam zum Vergnügen anderer, wie in Bergen, sondern weil die See es forderte.

Selbstverständlich hatten die Leute es auch nicht so bequem wie der Kapitän. Aber das war schließlich überall so, und Behaglichkeit hätte auch nicht zu den groben Kerlen gepaßt. Sie hatten ihre Siebensachen in ein Bündel geschnürt, auf dem sie aßen und schliefen. Zusammengedrängt wie Sardinen in einem Faß.

Mitten auf dem Hauptdeck stand ein Beiboot – für alle Fälle. Und auch, um damit vom Ankerplatz an Land zu rudern. Denn so große Kais, daß alle Schiffe dort anlegen konnten, gab es nicht. Also blieben sie aus Platzmangel draußen vor den Häfen vor Anker liegen. „Auf Reede" nannte man das.

Und noch eine Bewandnis hatte es mit dem Beiboot: Es war mit einem durchhängenden Teertuch bespannt, in dessen Kuhle sich das Regenwasser sammelte. Das war kostbar. Denn selbstverständlich gab es keine Wasserleitungen an Bord. Und das salzige Meerwasser rundum war, wie man weiß, zu kaum etwas anderem nütze als zum Schiffscheuern. Zum Trinken jedenfalls unter gar keinen Umständen.

Aber wenden wir uns dem goldenen Visby zu.

Kapitän Hendriksen rief gerade: „Anker auf und Leinen los!" Er stand oben auf dem Achterdeck. Gab von dort dem Steuermann seine Anordnungen. Kurz und knapp und deutlich. Der wiederholte sie genauso kurz und knapp und deutlich und gab sie dann in einem eintönigen Singsang an die Mannschaft weiter. Kommandos aussingen nannte man das. Und der seemännische Apparat lief ab wie eine geölte Maschine.

Jeder stand an seinem Platz. Jeder Handgriff mußte sitzen – ob an

Ruder, Anker, Segel oder Winsch. Alle Mann wußten, daß sie nur zusammen überleben konnten, weil sie in einem Boot saßen. Das zwang sie gemeinsam an die Arbeit, wenn sie auch sonst verschieden waren wie Spielkarten.

Alsbald rauschte die „Holde Hulda“ aus dem Fjord, backbord rum – also nach links. Das Wasser gurgelte unter ihrem Heck.

Sie kreuzte gegen viel Seegang durch das Skagerrak und drehte dann bei unruhigem Wasser steuerbord ab durch das Kattegat. Dann lief alles glatt vorm Wind, der in der Takelage jaulte. Glatt – bis auf ein einziges großes Malheur: Eines Abends bekam der Steuermann Bauchschmerzen. Am nächsten Morgen war er tot. So konnte es gehen auf einem Schiff.

Er erhielt an Ort und Stelle ein Seebegräbnis. Das hieß, er kam nicht wie sonst üblich in einem Sarg unter die Erde, sondern in einem Beutel ins Wasser. Wo sollte man auf See sonst auch mit ihm hin. Er wurde in ein Segeltuch geschnürt – wie ein langes Paket. Damit er wirklich unterging und für immer seine Ruhe fand, wurde das Fußende mit einem Stein oder Eisen beschwert. Dann legten sie ihn auf die Gangway.

Und während der Kapitän vor der barhäuptig versammelten Mannschaft die Seele des Toten dem lieben Gott befahl und ein letztes Vaterunser sprach, kippten sie die Planke hoch und ließen den Toten sachte ins Wasser gleiten. Ein gutes und passendes Begräbnis für einen Seemann.

Die Leute bekamen zur Feier des Tages eine Extraration Rum und dachten nicht lange über Sterblichkeit und Unsterblichkeit nach. Und auch nicht, daß es eigentlich gleichgültig war, worin man seinen letzten großen Schlaf tat – ob im Wasser oder in der Erde. Denn der Alltag ging augenblicklich weiter. Auf See gab es keine Feiertage.

Der Kapitän übernahm jetzt persönlich das Kommando und der zweite Steuermann das Ruder. Fürs erste ging das so. Nachdem sie backbord um eine Landzunge gesegelt waren, lag vor ihnen der weiße Strand einer Halbinsel. Dort tummelte sich unglaublich viel lustiges, buntes Volk. Feierte ganz fürchterlich.

Davor lag auf Reede Schiff neben Schiff. Große und kleine Koggen, Sniggen, Schuten, Ruder- und Segelboote.

Nein, Visby war das nicht. Das war keine leuchtende Stadt mit hohen Türmen und Mauern.

Es war mehr ein Lager.

Ja, das traf es. Es war die Halbinsel Schonen mit dem kleinen Ort Falsterbo und seiner weißen Düne.

„Klarmachen zum Ankern!" rief Kapitän Hendriksen. Und: „Laßt fallen Anker!"

Man fuhr mit dem Beiboot an Land und wußte gar nicht, wohin man zuerst blicken sollte. Das quirlte und wuselte und lachte und schob durcheinander. Es war ein Betrieb wie auf einem Jahrmarkt.

Das ganze Jahr über lag Falsterbo öd und einsam da. Nur im Spätsommer, im August oder September, schlugen hier einmal die Wellen der großen Welt an den Strand und weckten den kleinen Ort auf. Da feierte man das Heringsfest. Dann nämlich salzten die Fischer draußen am Strand ihre Heringsfänge ein.

Viel Volk reiste dazu weit über das Wasser heran. Die Garbrater kamen aus Lübeck angesegelt. Die Lüneburger brachten ihr Salz. Böttcher kamen von überall, um an Ort und Stelle die Heringstonnen herzustellen. Dazu strömten natürlich andere Handwerker und Kaufleute aus aller Herren Länder herbei. Boten ihre Waren feil. Denn wo viele Menschen waren, konnte auch viel verkauft und verdient werden.

Das war ein Handeln und Tauschen, ein Reden und Schnattern und Singen in allen Sprachen!

Gegen den Durst gab es zahlreiche Schankbuden mit Wein und Bier. Zum Tanzen und Vergnügen schöne, leichte Mädchen.

„Und das alles wegen ein paar lumpiger Heringe?" fragt man sich.

Nein, nicht wegen ein paar lumpiger. Es waren viele, viele Millionen kleiner Fische.

Und die brachten eine Menge Geld.

Sie waren für die Handelsstädte eine gute, solide Grundlage. Ein

Sprichwort sagte, daß die große, reiche Stadt Amsterdam auf Heringen gebaut sei – symbolisch natürlich. Und manche hohe feste Mauer der Hansestadt Lübeck auch. Ebenso ein Teil der goldenen Stadt Visby. Denn der kleine, silberne Fisch reiste in Salztonnen als begehrtes Nahrungsmittel weit hinein in die Länder. Brachte den Händlern viel klingende Münze ein. Ja, er wurde für die Kaufleute zum Goldfisch. Und manche Stadt führte stolz den Hering im Wappen.

Aber zurück zu dem Ereignis des Jahres in Falsterbo.

Abends am Lagerfeuer erfuhr man vieles aus der ganzen Welt. Und immer wieder war von der traumhaften Stadt Visby am weißen Kalkfelsen von Gotland die Rede. Flimmernd und funkelnd und prunkvoll, von einer gewaltigen Ringmauer umgeben, sollten die unzähligen Firste und Giebel und Türme auf der Bergeshöhe liegen. Sollten weithin über das Meer leuchten. Denn man sagte, manche der Kirchenfenster seien aus Karfunkelstein – einem rotglühenden Granat –, der den Seefahrern den Weg weisen sollte, wenn sie mit den herrlichen Dingen aus den fremden Ländern über das Meer kamen.

In den Läden der Stadt seien die wunderbarsten Sachen zur Schau und zum Verkauf gestellt, erzählte man sich. Nicht nur edle russische Pelzwaren und kostbar gewirkte Seidentücher, auch prachtvoller farbiger Samt und Gold und Silber als Schmuck und Gerät und Waffen. Hochgehäuft duftende Gewürze und saftige Südfrüchte. Waren aus der ganzen Welt. Und das nur, weil das Wasser nicht mehr trennte, sondern die Menschen verband.

Man sagte ebenfalls, die Leute dort seien lebensfroh und sorglos und leichtsinnig. Es gäbe keine Not und keine Bedrängnis. Visby war die Stadt der Glückseligen.

Vielleicht sollte man nicht alles glauben, was nachts am lodernden Feuer geredet wurde. Auch wenn gewiß vieles zutraf.

Unser Schiff kam allerdings nun doch nicht in diese sagenhafte Stadt. Der Kapitän änderte wegen des Todesfalles seinen Kurs und wollte direkt nach Lübeck zurück, um sich einen neuen Steuermann zu holen.

Natürlich hätten wir umsteigen können. Aber man wechselte nicht einfach sein Schiff. Das war ungeschriebenes Gesetz bei der Seefahrt.

Außerdem war Lübeck letzten Endes die wahre Königin der Hanse. Also allemal sehenswert.

Und noch einen Grund gab es. Der Rat der Stadt hatte mit Kapitän Hendriksen Großes vor, wie man hörte. Er sollte nach Süden segeln in einer besonderen Mission. Von Venedig war die Rede.

Für uns wäre es doch interessant zu sehen, was sich da unten im Mittelmeer inzwischen getan hatte.

Die „Holde Hulda“ übergab also ihren Stockfisch und ihren Speckstein einem anderen Hanseschiff, wurde mit Heringsfässern beladen und lag schon wieder vor dem Wind – Kurs Lübeck.

Herr Hendriksen saß an seinem Tisch und hantierte mit seinen nautischen Geräten. Der Sand im Stundenglas rieselte.

Endlich hörte man das „All-zu-gleich!“ des stellvertretenden Bootsmannes.

Was jetzt draußen passierte, war etwas eigenartig: Die „Holde Hulda“ hatte die See hinter sich gelassen und fuhr durch saftige grüne Wiesen traveaufwärts. Das heißt, genaugenommen wurde sie gezogen. Die Matrosen schleppten ihr eigenes Schiff. Buckelten es vom Ufer aus an einem dicken Tau hinter sich her. Gingen gebückt und barfüßig, die Trosse geschultert, an der ihr Schiff hing. Treideln sagten die Seeleute zu dieser Art von Wasserfahren. Sie war sehr mühsam. Leider mußte sie sein, weil der letzte Abschnitt der Trave zu schmal zum Segeln bei Gegenwind war.

Der Bootsmann sang dabei zur Unterstützung und wegen des gleichmäßigen Schrittempos, damit keiner dem anderen auf die Hacken trat, sein „All-zu-gleich“.

Lübeck kam in Sicht. Alles überragend die beiden Türme der großen Marienkirche und der herrliche Dom. Darunter die reichen Patrizierhäuser und die strengen Speicher am Hafen. Und dann das wohlgerundete Holstentor, wuchtig und breit, ein Symbol der Festigkeit und der

Macht. Eine schöne Stadt. Sie hatte ein ausgeprägtes Gesicht – vornehm, selbstbewußt und kraftvoll.

Kapitän Hendriksen begann sogleich sein neues Unternehmen. Er sollte tatsächlich in ziemlich geheimer Schiffahrtsangelegenheit nach Venedig reisen, zum deutschen Handelshof, dem Fontego de Tedesci. Dort würde er neue Order bekommen.

Die „Holde Hulda" wurde umgebaut und aufgerüstet. Oben auf die Kastelle kamen verschiedene großkalibrige Geschütze, besetzt mit mutigen Soldaten, denen man ansah, daß sie gut kämpfen konnten.

Jetzt sah die Kogge halb wie ein Handelsschiff und halb wie ein Kriegsschiff aus. Darüber mochte man denken, wie man wollte – notwendig war das leider, wie wir noch merken werden.

Der neue Steuermann war nicht sehr sympathisch. Er hatte grausame Augen. Viel mehr war von seinem Gesicht nicht zu sehen. Es war hinter einem pechschwarzen Bart versteckt. Und allgemein wußte man, daß ihm das Tauende locker saß. Daß er gnadenlos Hiebe verteilte, wenn etwas nicht prompt nach Befehl und Vorschrift ausgeführt wurde oder nicht flink genug ging. Er tat es mit einem geknoteten Tauende oder gar mit einer neunschwänzigen Katze – wie die Peitsche hieß, die aus neun geknoteten Tauen gebündelt war. O Gott, die zog hin! Da verging einem jeder Witz.

Das war wieder einmal die Kehrseite der Seefahrt.

Außerdem sei dieser Bootsmann ein furchtbarer Kämpfer, sagten die Leute. Er trug Messer und Säbel am Gürtel. Wozu, fragten brave Bürger mißbilligend. Die fuhren doch zum Handeln und wollten nicht in den Krieg.

Nun, das wollte keiner. Aber vielleicht würden sie müssen. Unterwegs nämlich, um sich der eigenen Haut zu wehren. Denn auf den Meeren gab es immer noch reichlich Seeräuber. Ach, was sage ich: Es wimmelte von Piraten. Jede Ecke hatte ihre eigene Sorte.

Auf der Nord- und Ostsee hausten die Vitalienbrüder. Störtebeker, Godeke Michels und Konsorten. Entstanden war dieser Seeräuber-

Verein, als er bei einer Belagerung von Stockholm der Bevölkerung auf eigene Kosten Lebensmittel besorgt und gebracht hatte. Darum hießen sie Vitalienbrüder.

Zuerst hatten sie also edle Absichten und einen frommen Zweck gehabt. Sie hatten sogar einen amtlichen Stehlebrief bekommen.

Jedoch war das schon immer so eine Sache gewesen, wenn das Wegnehmen gesetzlich erlaubt wurde. Einige Raublustige und Geldgierige bekamen das in den falschen Hals und wurden zu üblen Mordbrennern und Plünderern. Nun nannten sie sich Liekedeeler, Gleichteiler, weil sie ihre Beute in gleichen Teilen einsteckten. Ihre Bewunderer behaupteten, daß sie Hab und Gut zu gleichen Teilen zwischen Arm und Reich ausglichen.

Jedenfalls mußten sich die Kauffahrer gegen dieses Gesindel schützen.

Die „Holde Hulda“ hatte Glück. Sie kam ungeschoren durch die Ostsee bis zur holländischen Nordsee.

Dort jedoch lief sie nur knapp an einer kleinen privaten Seeschlacht mit den niederländischen Piraten vorbei.

Jetzt begriff man, warum die Kogge bis an die Masten bewaffnet Handel treiben mußte.

Kapitän Hendriksen war froh, daß die Piraten mit einigen anderen Schiffen ausreichend beschäftigt waren, und machte sich, so schnell die Winde ihn ließen, davon. Alle atmeten auf, als die leuchtenden Kreidefelsen von Dover querab lagen.

Leider lief die „Holde Hulda“ in eine dichte Nebelwand. In dieser Gegend war es oft neblig. Die milchig-weißen Schwaden dampften gespenstisch vom Wasser empor. Hüllten das Schiff klebrig feucht ein. Hielten es fest, denn der Wind war schlafen gegangen.

Ein Matrose mußte in den Mast und mit dem Nebelhorn ein Warnsignal tröten: Wahrschau! Hier ist einer! Weit hallte das Tuten nicht. Der Nebel verschlang es.

Irgendwann wurde die Luft wieder lichter. Es begann zeitweise leicht aus Norden zu wehen. Die Nebelschleier wogten ein wenig durchsonnt.

Und endlich blies ein stetiger Nordost. Jagte den weißen Dunst hinaus auf die weiten Meeresflächen.

Das nasse Segel begann, sich klatschend zu bewegen. Ballerte dann schwerfällig und blieb endlich gebauscht stehen. Jetzt warf sich der Wind mit einem Schuß vom Himmel herab. Wurde zum Sturm, daß man denken konnte, er risse einem den Kopf zwischen den Ohren weg. Und trieb das Schiff gewaltig vor sich her.

Welcher Kurs lag an? Aha, mal wieder die Biskaya.

Die „Holde Hulda" kämpfte sich wacker durch den schweren Wind und die grobe See. Lief dann mit einer hübschen kleinen Brise um Spanien herum ins Mittelmeer.

Das hieß nicht, daß sie jetzt in Sicherheit war. Noch lange nicht.

Während der kleine Schiffsjunge Moses noch ungläubig die südliche, strahlende Farbenpracht von Himmel, Wasser und Küste bewunderte und freudig und ahnungslos die Felsen bestaunte, als sie an Gibraltar vorbeiliefen, kamen sie in das schlimmste Seeräubergebiet, das der afrikanischen Barbaresken.

Jetzt konnte man zufrieden sein mit dem halben Kriegsschiff, das die „Holde Hulda" war. Denn immer wieder tauchten in der Ferne kleine schwarze Punkte auf, flogen blitzschnell mit roten Segeln heran. Piratenboote. Doch beim Anblick der kraftstrotzenden Berüstung drehten sie ab und verschwanden.

Bis sie eines Nachts doch kamen. Vereint. Mit gellendem Geschrei klommen katzengleich halbnackte, wilde Gestalten die Bordwände herauf und schleuderten lodernde Pechfackeln auf das schöne Schiff.

Der Oberritter der kleinen Streitabteilung übersah sofort die Lage. Befahl augenblicklich und vorrangig, die Brände zu löschen. Schließlich war die „Holde Hulda" ein Holzschiff, und alle Tapferkeit nützte nichts, wenn den Männern die Planken unter den Fußsohlen abbrannten.

Inzwischen wimmelten immer mehr flinke Eindringlinge an Deck. In ihren Augen blitzte das Weiße und an den Ohren große goldene Ringe.

Beim Himmel! Sie turnten wie die Eichhörnchen herauf, die blanken Messer zwischen den Zähnen.

Der Ritter säbelte mit seinen Getreuen furchtbar unter den Angreifern herum.

Die Bogenschützen pfeilten aus dem Mastkorb.

Und immer noch quollen und wieselten neue Korsare aus ihren schnellen Booten herauf.

Der wilde Bootsmann stand am Mast und mähte mit seinem krummen Säbel schwungvoll um sich. In der anderen Hand zuckte sein Dolch. Das schaffte.

Der Kapitän stand am Achterdeck mit dem Rücken zur Wand und ließ seinen Degen kreisen. Ach, die Kerle waren wie die Affen. Während er mit dem rechten Arm zustach, klammerte sich ein anderer an den linken, und ein dritter glitt lautlos heran. Hendriksen kam in Not.

Da sprang der zerzauste Bootsmann vor seinen Kapitän und deckte ihn, wütend metzelnd. Jetzt war er nicht mehr unsympathisch.

Jeder tat in dieser Nacht das Seine, denn es ging um Kopf und Kragen. Wenn sie dieses Scharmützel nicht siegreich überstanden, dann fielen ihre weiteren Reisepläne ganz einfach ins Wasser.

Derweil hatten die Matrosen schwere Balken und Steine hinab auf die kleinen, leichten Piratenbarken geworfen. Einige kippten um. Andere zerbrachen.

Die ersten der Angreifer begannen sich davonzumachen.

Eine schwarze Gestalt nach der anderen sprang endlich über Bord ins Wasser oder in die jetzt schnell abrudernden Boote.

„Lunten an! Feuer!" bellte Kapitän Hendriksen, und die Geschosse pufften ihnen hinterher. Der Spuk verschwand im Pulverdampf und in der Nacht.

Vor den großen Entdeckungen

Die „Holde Hulda“ war repariert und frischgescheuert in Venedig gelandet.

Lassen wir uns im Schlepptau von Kapitän Hendriksen durch die Kanäle der Lagunenstadt lotsen. Er saß vornehm und ruhig, wie es seine Art war und seiner Person zukam, in einer bunt betrottelten Nobelgondel mit Baldachin. Sie glitt fast geräuschlos an wunderbaren Palästen vorbei.

Gern wäre er hinausgefahren zur Insel Murano, auf der die berühmte venezianische Glasmanufaktur lag. Aber er hatte keine Zeit. Seine Gondel legte am Dogenpalast an.

Der Kapitän war dorthin bestellt – zum Dogen, dem obersten Herrn der Stadtrepublik, die Reichtum und Macht dem Seehandel verdankte. Er war ein vornehmer Mann. Trug auf seinem klugen Kopf eine hohe Kappe. Trug sie als Kronenersatz, denn er hatte die Bedeutung eines Königs.

Er saß auf einem erhöhten, prunkvollen Sessel im großen Saal, umringt von seiner Sinoria, den Noblen und Edlen des Staates. Hier glänzten die Marmorfußböden wie Spiegel.

Was das alles mit Schiffen zu tun hatte?

Viel. Denn auch hier hing das eine mit dem anderen eng zusammen. Ohne Schiffe wäre Venedig keine Seemacht geworden. Und ohne Seemacht keine Handelsmacht. Ohne seine Wasserfahrzeuge wäre es vielleicht ein lumpiges, kleines Provinznest geblieben. Mit ihnen aber hatte es sich zu einem vorherrschenden Stadtstaat entwickelt. Weltoffen.

Na ja, fast. Denn als der Venezianer Marco Polo Ende des 13. Jahrhunderts mit unglaublichen Geschichten aus China heimkam, war auch Venedig noch nicht reif für die ganz weite Welt. Noch nicht bereit, über die eigenen Ufer zu wachsen. Denn der große Reisende wurde verspottet und ein Lügner und manches mehr genannt.

Das war dumm. Denn es gab seit über tausend Jahren in China Schiffsneuheiten, die wohl wissenswert waren. Aber Fernost blieb Fernost und weit, weit weg.

Sie allerdings möchten wissen, wie man dort im Fernen Osten die Schiffahrt betrieb.

Einmal tat man es auf Flüssen mit luftmatratzenähnlichen tibetanischen Faltbooten. Denn es waren Holzgestelle, die auf aufgeblasenen Tierhäuten in der Strömung trieben. Am Ende des Wasserweges ließ man die Luft ab und trug die Dinger huckepack über Land.

Und dann gab es die einheimischen Schiffe, die Dschunken. Sie hatten, lange bevor man in Europa daran dachte, mehrere Masten, um mit möglichst viel Segelfläche möglichst viel Antrieb zu gewinnen. Außerdem saß das Ruder in diesen Booten damals schon nicht an der Seite, sondern hinten in der Mitte am Achtersteven an einem drehbaren Gelenk. „Tiger mit Flügeln" wurden diese großen Dschunken genannt. Sie fuhren nach Indien, Arabien und Persien. Handelten mit Gewürzen, Porzellan und selbstverständlich mit Seide. Und tatsächlich benutzte man einen magnetischen Kompaß.

Ja, dort im Osten kannte man sich gut aus und wußte wohl Bescheid.

Jetzt endlich läutete aber auch in Europa die Schiffsglocke eine neue Zeit ein. Venedig hatte schon eine ganze Weile listig und tüchtig mitgehandelt. Hauptsächlich nach Osten, immer um die Vorherrschaft bemüht. Jetzt erwachte auch das übrige Europa und wollte selbst nach neuen Wegen suchen. Der Run auf die restliche Welt schien zu beginnen.

Das spürte Venedig und wollte auf alle Fälle seine Hand im Spiel haben. Das war auch der Grund, warum es die lübische Kogge mit dem guten Kapitän eingeladen hatte. Denn der Doge war ein schlauer Fuchs.

Dschunke

Er dachte: „Wenn es über die weiten Meere geht, dann braucht die Welt ein neues Schiff. Und das bauen wir!"

Er wollte deshalb die Vorzüge der starken Kogge genau kennenlernen und sie dann mit denen seiner schnellen Lateinsegler und allem, was er sonst noch wußte, zu einem Schiffstyp vereinen, der für die anbrechende Zeit zweckdienlich war.

Aber nicht nur das. Er wollte die Konstruktionszeichnungen seines neuen Fahrzeuges außerdem gegen geheime Landkarten in Portugal eintauschen, denn Karten waren seinerzeit Geheimakten.

Und warum ausgerechnet dort, das werden wir gleich sehen.

Verabschieden wir erst unseren Kapitän Hendriksen, der mit seiner „Holden Hulda“ wieder zurück nach Norden fuhr. Er hatte im Hafen den Bau des neuen Schiffes beaufsichtigt, dem Schiff für das Zeitalter der Entdecker.

Es war schnell und stark und wurde Karacke genannt.

Es fuhr augenblicklich ab nach Portugal, einer aufregenden Zeit entgegen.

Bleiben wir in seinem Kielwasser.

Erst sollten wir uns jedoch noch kurz um die Zeit unmittelbar vor den großen Entdeckungen kümmern.

Bis jetzt, ehe, grob gerechnet, zu Beginn des 15. Jahrhunderts das Reisefieber zu Schiff ausbrach, hatten die Menschen geglaubt, die Erde sei eine Scheibe; Jerusalem, die heilige Stadt, ihr Mittelpunkt, der Nabel. Und drum herum gruppiere sich die ganze übrige christliche Welt. Die unchristliche zählte ohnehin nicht.

Vergessen und vergraben die Antike. Verlorengegangen Roms kluge Leute und alle anderen alten Naturforscher, die sich auf diesem Gebiet schon sehr gut ausgekannt hatten.

Gewiß, man wußte, daß außer Europa noch Asien und Afrika und die riesige Terra Incognita, das große unbekannte Land im Süden, vorhanden waren. Aber man kannte diese Gebiete nicht. Wußte nur Sagenhaftes und Wunderbares und Unglaubliches von ihnen.

In Asien sollte ein Land mit traumhaften Schätzen verborgen liegen, das von Drachen bewacht wurde und von beinlosen Vögeln, die ausschließlich fliegend ihr Leben verbrachten. Es sollte dort Schafe geben, die so groß waren, daß sie im Ozean wateten.

Und Riesen, die mit einer Hand ein Schiff greifen konnten. Es sollte Frauen geben, die Augen aus Edelsteinen hatten und die Menschen mit ihrem Blick töteten.

Und Männer, die so große Füße hatten, daß sie sie als Sonnenschirme benutzen konnten, wenn sie sich auf den Rücken legten.

Und vieles Absonderliche mehr.

Es hieß auch, daß es dort einen Fluß gäbe, der aus Gold sei und in einen kochenden See münde, den natürlich niemand lebend erreiche.

Andere redeten von dem Priesterkönig Johannes, der Herr über ein Land von unermeßlichem Reichtum und Macht und Tugend sei – dem Paradies auf Erden.

Und dann war da noch das Kap Non am neunundzwanzigsten Breitengrad in Afrika, das so hieß, weil keiner, der daran vorbeifuhr, je wieder zurückkehrte.

Es war das Ende der Welt. Der Weg ins Nichts.

Glaubte man.

Dahinter wurden alle Menschen von kochendem Wasser verschlungen, nachdem die senkrecht stehende Sonne sie schwarz gebrannt hatte.

Noch weiter südlich hausten ohnehin nur noch Ungeheuer. Man war sicher, daß die Hölle und das Chaos dort begannen, wo die vertraute Welt aufhörte. Man brauchte nur die bekannten Grenzen zu übertreten, um schon über den Rand der Welt hinab in den brodelnden Abgrund zu stürzen.

Über der Erdenscheibe, meinte man, wölbe sich der Himmel als stillstehende Halbkugel, unter der sich die Gestirne bewegten. Fortschrittliche behaupteten: Wenn tatsächlich unterhalb der Erde Menschen wohnen sollten, müßten die ganz gewiß mit den Füßen nach oben und dem Kopf nach unten gehen.

So sagte man. Aber wer wußte das schon genau.

Nein, es war allemal besser, vom Rand wegzubleiben.

Diese grauenhaften Ängste, dieser seelische Ballast mußten erst über Bord geworfen werden, ehe das Zeitalter der Entdeckungen anbrechen und der Mensch Kap für Kap erobern konnte.

Wie wir wissen, schaffte er es.

So wie wir in unserem Jahrhundert neugierig auf den Mond gewesen waren, so wollten ähnlich auch damals einige Menschen herausfinden, was hinter dem Strich war, an dem Himmel und Meer zusammenstießen.

Dazu brauchten sie das passende Schiff. Die Karacke.

Sie kam justament rechtzeitig nach Portugal gesegelt – wie gesagt: Anfang des 15. Jahrhunderts.

Die Entdecker

Hier nämlich, in Portugal, lebte Prinz Heinrich der Seefahrer. Und der war von einer fixen Idee besessen: der Eroberung Afrikas.

Nein, er fuhr nicht selbst zur See. Er hieß nur Seefahrer, weil er fahren ließ. Er war kein Praktiker, sondern ein Theoretiker. Der geistige Kopf, aus dem viel nautisches Wissen und manche flotte Idee kam.

Nicht, daß vorher gar nichts entdeckt worden war. Wir haben darüber ja schon einiges gehört. Aber jetzt wurden die Unternehmungen im großen Stil und planmäßig durchgeführt.

Dazu brauchte man die Karacke. Sie war fünfundzwanzig Meter lang mit hundertfünfzig Tonnen. Sie hatte einen runden Bug und drei Masten mit meistens fünf Segeln. Am Großmast ein großes und eventuell ein kleines Rahsegel. Am Fockmast davor ein Focksegel. Und ganz vorn am Bugspriet – der Stange, die wie ein Wegweiser über den Schiffsschnabel nach vorn zeigte – das Bugsegel. Alle an Rahen. Am Heck stand der Besanmast mit dem kleinen Lateinsegel zum schnelleren Manövrieren.

Zum Steuern hatte die Karacke das berühmte Heckruder. Und die Aufbauten waren wie bei der Kogge, nur größer und massiver.

Alles in allem ein vertrauenerweckender schwimmender Untersatz.

Da aber das beste Schiff nur so gut war wie sein Kapitän, hätte das alles nichts genützt, wenn nicht eine Reihe tüchtiger Männer vom Entdeckerdrang befallen worden wäre: Bartolomeo Diaz, Christoph Kolumbus, Vasco da Gama und Ferdinand Magellan.

Besessene waren es, die tatsächlich in einem Zeitraum von knapp fünfundzwanzig Jahren die Tore zu neuen Welten aufstießen. In unbekannte Gebiete hinter dem Horizont.

Karacke

Leider wurden sie zu dem Wagnis nicht nur von Wissensdurst und Neugier getrieben. Auch Gier nach Ruhm und Reichtum und Macht war im Spiel.

Das waren auch die Gründe, die einige Herrscher bewogen, diese Unternehmen zu unterstützen.

Der größte Gewinn war allerdings, daß die Welt schließlich erfuhr, wie die Erde wirklich aussah.

Aber zurück zum Anfang.

Der erste große Förderer dieser Wagemutigen war also der Portugiese Heinrich der Seefahrer.

Portugal war, wie man auf der Karte sehen konnte, nicht viel mehr als ein Küstenstreifen am Rand des mächtigen Spaniens. Aber es hatte es in sich. Schon immer auf die Früchte des Meeres angewiesen, hatte es zwangsläufig gute Schiffe und gute Seeleute.

Nun kam Prinz Heinrich und brachte großes Format in die Küstenschiffahrt. Überredete mutige Kapitäne zu Reisen ins Ungewisse. Schickte sie nach Afrika auf Kundschaft. Sandte Schiff um Schiff hinab in den Süden, jedesmal ein Stückchen weiter.

Die Leute merkten, daß sie nicht schwarzgebrannt und nicht in brodelndem Wasser gekocht wurden. Sie kamen heil zurück und brachten wahrlich Erstaunliches mit.

Fein. Dann der nächste, bitte! Wir warten auf weitere Neuigkeiten – sagte Heinrich.

Auf der Suche nach den Bewohnern des fremden Erdteiles fanden die Männer Tausende von Seelöwen. Und weil dem König die Felle so ausnehmend gut gefielen, brachten sie ganze Schiffsladungen davon heim.

Aber nicht nur davon. Sie fanden auch Eingeborene, dunkle, nackte Wilde, die Mohren, wie sie sie nannten. Leider ließen die sich, weil sie arglos waren, mit ein paar Glasperlen und Glöckchen aus ihrem Urwald locken – und fangen.

Es dauerte nicht lange, da zogen die Europäer erfolgreich als Sklavenhändler an die Küsten des schwarzen Kontinents.

Ein neues Kapitel des traurigsten Handels aller Zeiten begann. Heinrich, Heinrich! – und das, obgleich dein frommer Leitspruch hieß: „Ich habe nur den Wunsch, Gutes zu tun."

Denn er war der Großmeister des Christusordens und finanzierte aus dessen Kasse seine Unternehmungen. Leider. Jede Entdeckungsreise wurde gleichzeitig eine Jagd auf Mohren.

Der Zustand auf den schönen Schiffen war unter aller Sau. Verzeihung – aber es stimmt. Er war schlimm, sehr schlimm. Um Menschenwürde scherten sich die Sklavenjäger keinen Deut.

Da die Reisen in die Tropen führten, verdarben die Lebensmittel schnell in der Hitze. Sie stanken nach kurzer Zeit bestialisch. Den Maden und Ratten machte das nichts aus. Sie fraßen wild in sich hinein. Taten also auch das Gegenteil reichlich, was den Gestank erst recht unerträglich machte. Es nützte überhaupt nichts, daß die Bodenbretter der Schiffe ständig mit Salzwasser begossen wurden. Die Viecher mästeten und vermehrten sich munter weiter.

Es blieb den Matrosen schließlich nichts anderes übrig, als sich zum Wohnen und Essen und Schlafen mit dem offenen Oberdeck zu begnügen, wenn sie nicht ersticken wollten. Dort hatten sie frische Luft unter freiem Himmel. Waren aber auch der sengenden Sonne ausgesetzt. Zur Vorbeugung gegen Krankheiten wurden sie reichlich mit Knoblauch versorgt, was – wie man weiß – auch eine Art starken Geruchs verursacht.

Wenn die Schiffe nach langer Fahrt wieder einliefen, waberte ein strenger Gestank durch den ganzen Hafen!

Aber Wunderliches brachten sie allemal mit, die mutigen Seefahrer. Das sei gesagt.

Einmal segelte ein Kapitän ein Straußenei für seinen Prinzen heran. Eine echte Attraktion! Und obwohl es eine viele Wochen lange Reise hinter sich hatte, schmeckte es wie ein frisches Hühnerei – behauptete Heinrich.

Es mochte stimmen. Das war letztlich seine Sache.

Man fand immer wieder neue reizvolle Dinge, die sich zu erhandeln lohnten. Besonders, weil man – falls überhaupt nötig – mit billigem, buntem Tand bezahlen konnte.

Manchmal sogar mit vorher eingefangenen Sklaven!

So sahen die schaurigen Tatsachen aus. Immerhin erblühte der Handel.

Der wirtschaftliche Reiz der neuentdeckten Länder blieb, auch als die Zeiten gingen und andere Könige kamen.

Besonders als der zielstrebige König Johann der Zweite das portugiesische Ruder in die Hand nahm. Er war es, der Bartolomeo Diaz neue Karten gab – immer noch selten, kostbar und geheim – und eine kleine Flotte und den Auftrag, den neuen Kontinent ganz zu umschiffen. Er wollte für den Indienhandel einen Seeweg, auf dem er die Venezianer und die Türken umgehen konnte.

Er hatte gut reden und Auftrag geben, der liebe Johann. Er mußte bei dem Abenteuer ja nur die Trockenübungen machen.

Und doch – im Jahre 1488 schaffte es Kapitän Diaz. Er segelte rund um das Kap der Guten Hoffnung, wie sein junger König voll freudiger Erwartung den Südzipfel von Afrika taufte. Die Seeleute allerdings nannten es Kap der Stürme.

Der gewinnversprechende Handel mit Gewürzen aus Indien konnte beginnen. Bald jedenfalls.

Wieso eigentlich Gewürze? Gab es nichts Besseres zu holen auf einer so langen, mühevollen und gefährlichen Reise?

Doch, sicher. Aber diese exotischen Spezereien waren damals in der Alten Welt so wertvoll wie pures Gold.

Nicht nur zum Würzen. O nein, auch als Medizin.

Ein schlauer Engländer behauptete zum Beispiel, Pfeffer sei gut gegen Gift. Zimt gegen Bauchgrimmen. Nelken täten dem Herzen wohl – und bei Zahnschmerzen. Muskat sei gut für die Liebe – und auch gegen Sommersprossen im Gesicht. Und Mönche erfanden mit all dem zusammen den Pfefferkuchen – nicht als Weihnachtsgebäck, sondern als Heilmittel, weshalb er auch Lebkuchen hieß.

Es war schon ein vielschichtiger Duft, der vom Fernostwind über die Meere zur Alten Welt geblasen wurde.

Nun denn, Portugal, spute dich, daß du zum Ziele kommst!

Aber wie das so ist mit den Menschen! Eben noch jubeln sie über das Erreichte, und schon schielen sie nach dem nächsten.

„Was? So ein riesiger Umweg um Afrika, wenn man nach Indien will? Der ist doch viel zu umständlich und gefährlich. Da weiß ich etwas Besseres. Wenn Ihr mir ein schnelles Schiff gebt, König Johann, dann will ich Euch einen schnellen Weg zeigen!“ sagte Christoph Kolumbus.

Er hatte in den Büchern von Marco Polo über Katai gelesen, das Land des „Großen Khans“, in dem die Brücken auf Marmorsäulen standen. Und über das Land Cipangu, in dem die Paläste goldene Dächer hatten – angeblich eine von siebenhundert herrlichen Inseln vor den Küsten Asiens. Das alles lockte ihn.

Außerdem stand in dem Buch „Imago Mundi“ von Pierre D'Ailly, Dekan der Universität Navarra, daß der Atlantische Ozean gar nicht so groß sein könne, um drei Viertel des Erdballes zu bedecken. Nein, lediglich die Rückseite der Landkarte sei ein Ozean, sagte man.

Das gab Kolumbus zu denken und zu rechnen: Ja, zwischen Spanien und dem verlockenden Cipangu läge nur ein Katzensprung. Und den wolle er mit einer guten Brise und etwas Optimismus in ungefähr einem Monat hinter sich bringen und Indien von der anderen Seite anlaufen, sagte er.

Und irrte sich ganz gewaltig, wie wir wissen.

Aber er war so besessen von seiner Idee, daß er bereit war, Seenot und rasende Stürme, Eis und glühende Sonne, Schiffbruch und Meuterei, Überfälle von Piraten, Durst und Skorbut und weiß der Teufel was noch auf sich zu nehmen.

Aber von diesen Dingen sprach er nicht. Er sagte schlicht, der Atlantische Ozean sei nur ein Meer – so schmal, daß er es in einigen Tagen durchsegeln könne, um auf die andere Seite der Erde zu gelangen.

König Johann jedoch biß nicht an. Er vertraute lieber auf seine eigene Ostindienroute.

England und Frankreich hielten auch nichts von der neuen Idee.

Aber Spanien.

Dem war längst der große Erfolg des kleinen Nachbarn ein Dorn im Auge. Außerdem dachte Königin Isabella: „Soll er es versuchen. Vielleicht ist er ein Traumtänzer. Vielleicht aber springt tatsächlich einiges dabei für uns heraus."

Und sie beschwatzte ihren Mann, den König Ferdinand, indem sie ihm klarmachte, daß es gewiß ein gottgefälliges Werk sei, die letzten Heiden dieser Welt aufzustöbern und zum christlichen Glauben zu bekehren.

O ja, bei aller Liebe zum Gold fühlten die Majestäten sich doch berufen, den Ungläubigen die einzig wahre Lehre, nämlich ihre, zu bringen.

Kolumbus selbst war, von all seinen anderen nutzbringenden Eigenschaften abgesehen, ein frommer Mann und gerade richtig für eine Mission.

Das war im Jahre 1492.

Im August hieß es im Hafen von Palos „Heißt auf die Segel!" für die „Santa Maria", die „Pinta" und die „Niña".

Die kleine Flotte segelte erst – zur Probe gewissermaßen – zu den Kanarischen Inseln. Dann aber a tempo hinaus auf den Ozean. Vor dem inneren Auge immer den Traum vom sagenhaften Katai und Cipangu.

Christoph Kolumbus war eine eigenartige Mischung aus verbissenem Tatmenschen und unverbesserlichem Träumer. Voll Phantasie und voll Eifer, anpassungsfähig und scharfsinnig. Wie man lesen konnte, war er groß und wohlgebaut, hatte ein längliches Gesicht mit etwas hervorstehenden Backenknochen, eine Adlernase und helle Augen. Er hatte rote Haare und Sommersprossen – und ein unerschütterliches Selbstvertrauen. Er bewohnte die Admiralskabine der „Santa Maria" und glaubte ganz fest daran, in spätestens einem Monat Cipangu zu erreichen.

Das wäre zu überstehen, sagten seine Leute. Aber sie dachten auch: „Warten wir es lieber ab. Unser Admiral glaubt; wissen tut er nicht."

Die Ungewißheit drückte auf die Gemüter. Darum beschloß Kolumbus, für alle Fälle eine doppelte Buchführung über die zurückgelegte Wegstrecke anzulegen. In der einen notierte er für sich selbst die bewältigte Entfernung. Den Leuten gab er weniger an, damit sie unter keinen Umständen merkten, wenn der Weg doch länger war.

Ach, Käpten, leider war weder das eine noch das andere Maß genau, und keines stimmte. Denn das Messen der Geschwindigkeit war immer noch einfach und darum schwierig.

Und dabei ein wichtiges Kapitel in der Seefahrt.

Ganz früher beobachtete man, wie schnell der Meeresschaum an der Schiffsseite vorbeitrieb. Das war besser als gar nichts. Aber diese Meßmethode war natürlich arg ungenau. Ende des 15. Jahrhunderts erfand ein gewissenhafter Seemann das Handlog: Er hängte ein Holzstückchen an eine Leine, in die er in gleichen Abständen Knoten geschlagen hatte. Dieses Log, wie es hieß, warf er achtern über Bord und zählte die Knoten, die durch seine Hand glitten, während eine Dreißig-Sekunden-Sanduhr ablief. Jeder Knoten wurde später in eine Seemeile pro Stunde umgerechnet.

Zurück zu Kolumbus.

Die Position, also den Standort seines Schiffes, errechnete er wie vormals nach Sonne und Sternen. Mit einem Jakobsstab tat er das: einem Längsstab, der mit Gradeinteilung markiert war und auf dem ein Querstab so hin und her geschoben werden konnte, daß man über das eine Ende die Sonne, über das andere die Kimm – den Horizont – anpeilte. Die Entfernung des Querstabes vom Auge ergab die Sonnenhöhe. Die Sonne schießen, sagte der Seemann dazu.

Damit war man dem modernen Sextanten einen winzigen Schritt nähergekommen.

Die Navigation wurde bei Kolumbus gewissenhaft durchgeführt. Ansonsten machte er sehr oft seine Wünsche zum Vater seiner Gedanken. Es war kaum zu glauben, welch vorschnelle Schlußfolgerung er aus bestimmten Beobachtungen zur Bestätigung dafür zog, daß das Ziel in Reichweite sei.

Em elften Tag schon notierte er frohgemut in sein Tagebuch: „Wir sind einen Tagesflug vom Land entfernt, denn wir haben einen weißen

Tropenvogel gesehen, welcher nicht auf dem Wasser zu schlafen pflegt."

Ach, er pflegte doch. Er übernachtete sehr wohl auf dem Wasser. Es war ein Tölpel.

Am neunzehnten Tag frohlockte der Admiral: „Bei Windstille setzte Nieselregen ein, was ein sicheres Zeichen für Landnähe ist."

Nicht wahr? Man wundert sich, welch seltsame Begründungen solch ein unerschütterlicher Optimismus hervorbrachte.

Christopher ließ sich nicht beirren und schrieb getrost weiter in sein Buch: „Ein Ende der Reise ist abzusehen – zwei bis drei kleine Vögel flogen zwitschernd um unser Schiff."

Er fand jeden Tag ein neues Zeichen von Landnähe. Mal trafen sie viele Krabben, mal Vogelschwärme, die südwärts zogen. Mal Wolkenbänke, die sich eigentlich nur über Land bildeten.

Nur das Land, das fanden sie nicht. Auch nicht, als sie große Büschel saftigen Unkrautes sahen – frischgemäht, wie Kolumbus behauptete. Ach, Mann, du kanntest nur noch keinen Seetang!

Eines Tages aber schallte tatsächlich über alle drei Schiffe vom Ausguck aus dem Mastkorb der erregte Ruf: „Land in Sicht!"

Die Seeleute brachen in Freudentaumel aus. Einige sprangen übermütig über Bord und tummelten sich mit den Delphinen. Andere, auch Kolumbus, fielen auf die Knie und dankten Gott.

„Himmel, Kreuz und Sturmgebraus – wenn ihr mich fragt, ich sehe kein Land", brummte ein alter Seebär. „Da hattet ihr wohl eine bessere Peilung als ich."

Jedoch am nächsten Morgen sah auch der Ausguck nichts mehr. Der Horizont war leer.

Sie hatten eine Fata Morgana gesehen. Eine Luftspiegelung. Ein Trugbild.

Kolumbus schrieb sehr kurz und bündig in sein Tagebuch: „Was wir für Land gehalten haben, war keines. Es war Himmel."

Dann hob er sein Fernrohr vors Auge und suchte unermüdlich weiter nach neuen Anhaltspunkten.

Aber bei den Leuten war die Enttäuschung groß. Sie hatten die Nase voll und auch nicht mehr viel zu essen. Und sie bekamen immer größere Angst vor dem Ungewissen.

Sie begannen zu murren.

Schließlich verlangte der Kapitän der „Pinta“ – er war schon immer ein bißchen aufmüpfig gewesen – eine Kursänderung weiter südwestwärts. Admiral Kolumbus war das Dreinreden nicht recht. Aber nach einigem Überlegen stimmte er zu, denn er hatte wieder einmal Vögel ziehen sehen – nach Südwesten.

Seine Leute aber glaubten ihm schon längst nicht mehr. Sie beklagten sich bitter und wollten umkehren. Nach Hause!

„So wahr kein Ei senkrecht stehen kann, so wahr werden wir Indien nicht erreichen!“ riefen sie.

Sie kannten ihren Admiral schlecht. Er drückte sein Frühstücksei dort, wo im breiten Ende die Luftblase saß, auf den Tisch. Es stand. Das war das so vielzitierte Ei des Kolumbus.

Bitte schön, ich war nicht dabei; ich kann es nur erzählen. Wichtig war daran eigentlich ja auch nur, daß dieser Mann immer einen Ausweg fand.

Er wollte jedenfalls nicht umkehren.

Noch einmal versuchte er der Mannschaft in Ruhe klarzumachen, wieviel Reichtum, Ruhm und Ehre auf sie warte.

Erfolglos.

Dann behauptete er, daß das Wasser immer weniger salzig schmecke – wegen der Landnähe.

Vergeblich. Den Leuten war ohnehin alles versalzen.

Schließlich sagte er schlicht und einfach, daß ihr Jammern zwecklos sei. Er würde weiterfahren, bis er Indien gefunden habe. Punktum! Wem es nicht passe, der könne aussteigen und zu Fuß heimgehen.

Die Matrosen hockten sich böse zusammen und schimpften: „Der Alte spinnt. Am besten werfen wir ihn über Bord und sagen zu Hause, er sei ertrunken.“

Das nannte man damals Meuterei – und heute auch noch.

Jedoch gerade jetzt hatte Christopher tatsächlich Glück. Just in diesem Moment, am 11. Oktober, sah er abends in der Ferne so etwas wie eine brennende Kerze flackern. Und brennende Kerzen pflegten nun wirklich nicht auf dem Wasser zu schwimmen.

Es kam wahrhaftig eine Insel in Sicht.

Die Leute jubelten!

Was immer sie entdeckt hatten, es war ihnen egal. Hauptsache, sie hatten kein schwankendes Deck mehr unter den Füßen.

Kolumbus' Phantasie trieb sofort wieder neue Blüten. Er glaubte fest daran, daß er sein Ziel erreicht hatte – nämlich das sagenhafte Cipangu.

Er zog seinen Sonntagsanzug an und ging als Sieger an Land. Dort steckte er die Fahnen seiner Königin und seines Königs in den Sand und nannte seine Eroberung „San Salvador", was „Heiliger Erlöser" hieß.

Gott hatte ihnen den Weg gewiesen, dachte er fromm und missionsfreudig. Denn um ihn herum versammelte sich neugierig und unchristlich ein splitternacktes Publikum: die arglosen, unwissenden Eingeborenen.

Sie lachten und grüßten freundlich. Und auf Kolumbus' vergnügte Frage: „Seid ihr die Indianer?" sollen sie ihm dies – wie auch immer – begeistert bestätigt haben. Wie wir Kolumbus inzwischen kennen, hat er es jedenfalls gern als Bestätigung verstanden.

Hätten sie ihn wirklich verstanden und gewußt, was auf sie zukam, sie hätten wohl sofort an Ort und Stelle die Ankömmlinge kurz und klein gemacht.

So aber konnte Kolumbus sich unbehelligt alsbald nach dem unendlichen Reichtum umblicken.

Er fand ihn nicht. Nicht die Spur von ihm.

„Die Menschen sind so arm, daß sie nicht einmal Betten haben", notierte er. Sie schlafen an den Bäumen in Netzen aus Garn." Es waren Hängematten.

So viel er auch herumsuchte, Gold entdeckte er keines. Er sah eigenartige Pflanzen, auf denen Wolle wuchs, meinte er. Und Bäume, die in den Himmel ragten, schrieb er. Und er sammelte gewissenhaft Blätter, Zweige und Früchte, Federn und Korallen und alles Fremde, was sich als Muster für seine spanischen Majestäten verpacken ließ.

Ganz besonders hatte es ihm ein großes Obst angetan. „Es ist der Form nach ein Tannenzapfen, aber doppelt so groß. Diese ausgezeichnete Frucht kann wie eine Rübe mit dem Messer geschnitten werden – sie scheint sehr gesund zu sein“, vermerkte er. Es war die Ananas.

Er sah auch die Pflanze Tabacos, „deren Blätter die Eingeborenen rollen, um den Rauch davon zu trinken“, wie er registrierte.

Er fand wunderschöne Inseln, fremde Menschen und Fliegende Fische.

Cipangu fand er nicht.

Aber auf der Suche danach kam er herum in der Karibik. Gaukelte sich immer wieder neue Anhaltspunkte vor und guckte von Insel zu Insel. Irgendwo mußte doch das Goldland liegen!

Indessen lief bei seinem eifrigen Bemühen die „Santa Maria“ auf ein Korallenriff und zerschellte.

Um die Wahrheit zu sagen: Der Admiral, der Kapitän und fast alle anderen lagen vor Tau und Anker in den Kojen und schliefen ihre Räusche von den zahlreichen Begrüßungsfeiern bei den Inselbewohnern aus.

Nur der Schiffsjunge stand am Ruder. Und der hatte nicht viel Ahnung, aber eine Menge Pech. Er setzte das Schiff auf eine scharfkantige Klippe, wo es sehr bald hinüber war.

Auf diese unsanfte Manier geweckt und ernüchtert, versuchte die Mannschaft das Beste daraus zu machen. Sie brachten das Holz des verlorenen Schiffes und die Vorräte und alles bewegliche Gut an Land und gründeten damit das Fort Navidad, die erste europäische Kolonie, auf der Insel Hispaniola. Sie wurde mit neununddreißig Mann besetzt, die die Fahne hochhalten sollten, bis neue Siedler aus der alten Heimat ansegelten, um ihnen bei der großen Landnahme zu helfen.

Die übrigen bestiegen die „Niña“ und schwammen heim, um zu berichten und eine zweite, größere Reise vorzubereiten.

Man konnte nicht behaupten, daß das Glück mit ihnen segelte. Zuerst fuhren sie mühsam hart am Wind nach Westen. Dann direkt in einen rasenden Sturm. Die „Niña“ legte sich so stark von einer Backe auf die andere, daß mancher dachte: „O Herr Jesus. Gleich werden wir die Wasseroberfläche von unten sehen.“

Sie füllten in fliegender Hast die leeren Fässer mit Seewasser, um mehr Ballast und Festigkeit zu haben.

Es half nicht. Die „Niña“ tanzte weiter wie eine Nußschale über die kochende, schäumende See. Wollte immer wieder aus dem Ruder laufen.

Da begannen sie zu beten.

Als das auch nichts nützte, versprachen sie dem Himmel eine barfüßige Pilgerfahrt, wenn er sie rette. Nein, nicht alle sollten in Mühsal und ohne Schuh über Stock und Stein wallfahren. Nur einer. Und darum knobelten sie.

Man wundert sich, daß dazu noch Zeit und Lust vorhanden war – so eben vor dem Ertrinken. Es handelte sich tatsächlich um hartgesottene Burschen.

Jedenfalls schüttete Kolumbus Erbsen in seinen Hut. Für jeden Seemann eine. Eine einzige war mit einem Kreuzchen gekennzeichnet. Wer die herausholte, sollte pilgern. Wenn sie je wieder an Land kommen sollten.

Christopher selbst traf das Los.

Allein, nicht einmal das half. Der Sturm raste weiter.

Kolumbus las laut und machtvoll aus der Bibel vor. Ohne spürbaren Erfolg.

Die Matrosen hielten nach Elmsfeuern Ausschau, einem eigenartigen Leuchten an Rahen und Masten. Das hatte etwas mit Elektrizität zu tun. Aber die Leute glaubten, damit sei ihr Schutzherr, der heilige Erasmus – auch Sankt Elma genannt – bei ihnen und bringe gutes Wetter. Das heißt, auch nicht unbedingt. Nur wenn die Flämmchen aufwärts flackerten.

Abwärts bedeuteten sie Unglück. Leuchtete gar nur ein einziges Feuer an der Mastspitze, dann ging das Schiff unter.

Aber was soll's, Erasmus ließ sich nicht blicken.

Gewiß, man hätte Rauchsignale von brennendem Teer aus einem Eisentopf steigen lassen können oder nachts Fackeln schwingen. Nur für wen? Wer hätte sie sehen sollen? Es war doch noch keiner da draußen auf den Meeren.

Alles vergeblich. Die Kalamitäten blieben.

Als sie dem Tode unabänderlich ins Auge sahen, packte Kolumbus eilig eine Abschrift seiner Reiseerlebnisse zusammen. Legte eine Erklärung an die spanische Königin bei, in der er für den Finder und Überbringer dieser Notizen eine Belohnung von tausend Dukaten erbat. Er packte beides in ein gut abgedichtetes, geteertes Faß, welches er mit einem frommen Spruch über Bord in das rasende Meer warf. Sollte die Nachwelt doch wenigstens wissen, daß er bei seinem Abenteuer tatsächlich irgendwo angekommen war.

Fast schien es, als ob diese Faßpost das wüste Wetter beruhigte. Der Sturm verlor an Gewalt.

Endlich liefen sie den Hafen Santa Maria auf den Azoren an. Dort schritten sie alle froh und dankbar zur Kirche. Stärkten sich. Brachten das Schiff in Ordnung und Proviant an Bord.

Dann ging es erfrischt weiter Richtung Heimat.

Leider hatte der Sturm draußen auf See auf sie gewartet. Er fegte erneut über sie her. Zerfetzte mit einem lauten Knall die Segel und hetzte das Schiff zwei Wochen lang vor Topp und Takel – das heißt, ohne alle Besegelung – vor sich her. Sie ritten in wilder Jagd über einen Höllenschlund. So erreichten sie am Ende völlig abgetakelt – wortwörtlich und auch im übertragenen Sinne – Portugal und warfen dort Anker, obwohl es nicht ihre Heimat war.

Kolumbus wurde zum König bestellt. Er gab dort so schamlos mit seiner Reise an, daß ein Wikinger es nicht besser gekonnt hätte. Einmal, weil es ein wenig in seiner Natur lag. Hauptsächlich aber dachte er:

„Dem Johann zahle ich's heim, daß er mich nicht hat unterstützen wollen bei meinem Unternehmen. Dem mache ich den Mund wässerig."

Allerdings trieb er es auch nicht besser, als er endlich am Hof seiner Majestäten ankam. Du meine Güte, konnte der Mensch übertreiben! Besonders mit dem Gold, das er gar nicht gefunden hatte.

Er brachte dem König vierzig Papageien mit und sechs Indianer, sagte man. Das fand der hohe Herr großartig und ehrte den weitgereisten Überseefahrer sehr. Machte ihn sogar zum Vizekönig der entdeckten Inseln.

Wie bitte? Das war nobel?

Na ja, wie man es nimmt. Eigentlich kam er recht billig davon, denn es kostete ihn keinen roten Heller – lediglich ein huldvolles Lächeln und einen Federstrich. Und von beidem hatte er genug.

Aber wie auch immer – Christopher freute sich. So waren beide zufrieden.

Kolumbus hatte mit seiner Prahlerei tatsächlich erreicht, daß er sofort eine neue Reise starten durfte. Land und Gold winkten dem Herrscher mächtig zu über das weite Meer. Und auch seinen Untertanen. Sie drängten sich um die Schiffsplätze. Konnten es angeblich nicht erwarten, in der Neuen Welt ein neues Spanien zu gründen.

Dort angekommen, entpuppten sich freilich die meisten frommen Siedler als Abenteurer und Goldgierige, die nicht daran dachten, für ihren Staat eine Kolonie zu bauen. Nein, sie zogen augenblicklich auf und davon und begannen, in die eigenen Taschen zu sammeln.

Ach, es ging überhaupt manches schief. Und vieles blieb ungereimt und unbewiesen.

Wer wollte zum Beispiel glauben, daß die Schiffe nach Westen bergauf und nach Osten bergab fuhren? Kolumbus tat es. Und er blieb auch bis zum Schluß unerschütterlich der Meinung, daß er hinten herum um die Erde den Weg nach Indien gefunden habe und direkt vor Cipangu stände. Er glaubte felsenfest, daß das wirkliche Paradies und märchenhafte Schätze vor seinem Bug auftauchen würden.

Darüber starb er leider dahin – an Malaria.

Ohne Zweifel, er hatte ein schönes Land entdeckt. Nur nicht das, welches er erhofft hatte. Nicht den Orient. Aber der Entdecker einer neuen Welt war er.

Und der größte Seefahrer aller Zeiten wohl auch. Der erste Atlantiküberquerer. Bahnbrechend – mit dem Glauben an Wunder und auch mit vielen falschen Ideen.

Er war ausgezogen, Indien zu suchen, und hatte Amerika gefunden. Darum hießen die ersten Amerikaner Indianer und ihre Inseln die Westindischen.

In der einen Hand eine Bibel, in der anderen einen leeren Beutel für das gesuchte Gold, so war er aufgebrochen. Und so war er auch gestorben.

Ich glaube, er hatte Glück, daß er nicht miterlebte, wie der dann doch gefundene Reichtum geräubert wurde. Und wie die christliche Nächstenliebe mit schrecklicher Gewalt und Blut und Tränen über das eroberte Land kam. Wie Abenteurer und Glücksritter, Priester und Soldaten im Namen der heiligen Kirche und seiner spanischen Majestäten mit furchtbaren Greueln raubten, mordeten und vernichteten.

Ob es in dem neuentdeckten Land auch schon Wasserfahrzeuge gegeben hatte, fragen Sie?

Doch. Erinnern Sie sich an die Einbäume? Hier gab es die einbaumartigen Kanus, und aus mit Tierhäuten bespannten Holzgestellen baute man Kajaks. Und aus Balsaholz oder Schilfbündeln bootartige Flöße. So weit war man hier auch schon längst.

Koggen und Karacken kannte man allerdings nicht.

Inzwischen segelte Vasco da Gama fleißig für Portugal nach Osten. Machte grimmig und grausam und waghalsig sein Heimatland weltbekannt, indem er Diaz' Handelsroute rund um Afrika vollends erschloß.

Seine erste Abreise – im Sommer 1497 – war ein Volksfest im Hafen von Lissabon. Am Kai lagen zwei Karacken, vom König – inzwischen herrschte Manuel der Erste – aufs modernste ausgerüstet. Breit waren sie im Verhältnis zur Länge, mit hohem Bug und hohem Heck, was vor den anrollenden Wogen und Überflutung schützen sollte.

Das eine Schiff hieß „São Gabriel" und war das Flaggschiff. Das bedeutete, daß der Kommandant der Flotte auf ihm wohnte und es darum seine Flagge trug.

Das andere war die „São Rafael".

Für eilige Fahrten zwischen den Schiffen hin und her und auch für dringende Botschaften fuhr die schnelle Karavelle „Berrio" mit – ein kleines und wendiges Schiff mit Lateinsegeln.

Außerdem begleitete sie noch ein schwerfälliger Lastensegler, vollgestaut mit Vorräten: Jeder Mann sollte pro Tag ein Pfund Pökelfleisch, eineinhalb Pfund Zwieback, eineinhalb Liter Wasser und fünf Achtel Liter Wein bekommen. Dazu Linsen, Pflaumen, Rosinen und Mandeln, Zwiebeln, Knoblauch, Senf, Salz, Zucker und Honig. Das waren reichliche Rationen, wenn die Reise glatt verlief. Wenn!

Außer den Lebensmitteln hatten sie für Tauschgeschäfte allerlei eingestaut: bunte Hüte und Kappen, Zinnringe und Kupferschalen, kleine runde Glöckchen und Glasperlen und Baumwollstoffe. Kurz – lauter billige Sachen, die ganz hübsch, aber nicht viel wert waren. Ob sie nützlich waren, sollte sich erst zeigen.

Im Hafen jedenfalls war Trubel und Treiben. Schaulustige drängten zum Ufer: traurige Angehörige und vergnügte Neugierige. Fidele Spielleute, niederes Volk mit offenen Mäulern, Adlige mit Pracht und Orden, Bischöfe in wallendem Purpur und Mönche mit blanken Tonsuren. Ob mit oder ohne Rang und Namen, alles war vertreten. Jeder wollte bei diesem Ereignis dabeisein.

Der Oberkapitän Vasco da Gama kam hoch zu Roß durch die Menge geritten und ließ sich bestaunen. Seine stämmige Gestalt drückte unnachgiebigen Willen aus, gebündelte Energie und Ehrgeiz. Gnadenlos, hart und entschlossen blickten die schwarzen durchdringenden Augen unter den hochgewinkelten Brauen aus dem bleichen, schmalen Gesicht, das von dunklem Haar und Bart umrahmt war. Kühn bog sich die große Nase über dem energisch geschwungenen Mund. Züge, die keinen Widerspruch duldeten. Er trug elegante Kleidung: aus schwarzem Samt Barett und Umhang, Wams und Hose gelb und rot, weiß die Strümpfe und schwarz die blanken Schuhe.

In solch einem feinen Aufzug ging man damals, wenn man wer war. Auch auf einem Schiff.

Ein Priester übergab ihm eine päpstliche Bulle, in der allen furchtlosen Seelen dieses Unternehmens ewiges Heil zugesichert wurde, sollte ihnen ein Unheil zustoßen. Denn da man ja hinauszog, den armen Ungläubigen das allein seligmachende Christentum zu bringen, mußte die Kirche das Ihre dazutun. Und das Ihre war nun mal das ewige Heil.

Ein Gottesmann las dann auch die Messe und segnete die Seeleute.

Kanonen donnerten Salut.

Das Kap der Guten Hoffnung winkte, und dahinter lockte Indiens Reichtum. Wartete der Mittelpunkt des Gewürzhandels, die Stadt Kalikut.

Die Anker wurden gelichtet, das Abenteuer begann.

Kapitän da Gama war ein eiserner und strenger, aber ein gerechter Herr. Voll Entschlossenheit, schnell im Denken und sehr umsichtig. Damit sie auf See die anfallenden Schäden gleich selbst an Ort und Stelle reparieren konnten, hatte er von seinen Leuten zusätzlich eine handwerkliche Ausbildung gefordert: Einmal mußten sie natürlich Seefahrer sein und dann noch Tischler, Seiler, Schmied oder Kalfaterer. Das war derjenige, der die Ritzen mit geteertem Pferdehaar verstopfte. Ein wichtiger Mann auf einem Holzfahrzeug, weil das beste Schiff nichts wert ist, wenn es nicht dicht, wenn es leck ist.

Und der Schiffszimmermann, der spielte auch eine sehr bedeutende Rolle an Bord. Er mußte schlechterdings alles wieder zusammenflicken, was an harten Sachen entzwei ging. Masten und Planken und so, aber auch Knochen, wenn sie gebrochen waren. Wegen ein paar kaputter Gliedmaßen konnte ein Segler solche Unternehmen nicht abbrechen.

Und auch nicht wegen sonstiger Krankheiten. Was nicht heilte, das mußte mit einem kräftigen Gottbefohlen dem Schicksal überlassen bleiben – so oder so.

Ein paar Besatzungsmitglieder konnten arabisch sprechen und einige afrikanische Dialekte. Auch daran war gedacht. Außerdem reiste diesmal ein Schreiber mit, der alle Ereignisse gewissenhaft notierte.

Alles war gut durchorganisiert: So wollte man das Risiko möglichst klein halten.

Die Kommandantenkajüte ähnelte der des Kolumbus. Nur noch mehr nautisches Gerät lag auf dem Tisch: ein hübsch verziertes seemännisches Besteck zum Beispiel, wie man das Handwerkszeug nannte, mit dem der Kapitän Richtung und Position errechnete. Und ein kunstvoll geschnitzter Jakobsstab. Auch ein schön verschnörkeltes Nocturnum, ein Nachtweiser, mit dem man den Polarstern nach dem Weg fragen konnte.

Wie bitte? Warum ausgerechnet den? Es seien doch noch genug andere Sterne da?

Das schon. Nur die wandern ständig umher und können darum den Seeleuten nicht gut als feste Peilung dienen. Der Nordstern aber – wie man ihn auch nennt – dreht nur so kleine Kreise, daß er sich für ein normales Auge kaum vom Fleck zu bewegen scheint.

Ein Astrolabium aus purem Messing lag da – auch zum Messen der Gestirne.

Und um die langwierige Rechnerei mit all diesen Ergebnissen zu erleichtern, gab es Ephemeriden-Tabellen; das sind Listen über Höhenwinkel.

Da stand auch eine herrliche elfenbeinerne Sonnenuhr – ein langer Zylinder mit einem schnabelförmigen Zeiger, der seinen Schatten auf einen beschrifteten Schaft warf. Pfeileruhr hieß sie.

Natürlich gab es auch hier wieder eine Glasenuhr. Die fehlte auf keinem Schiff. Und damit der Sand bei sehr feuchter Luft möglichst nicht klumpte, war er besonders präpariert – zusammen mit Muscheln und etwas Blei fein vermahlen.

Am großartigsten aber war doch die kostbare Horndose mit dem Kompaß. Auch hier in Europa gab es den schon seit dem 11. Jahrhundert. Damals allerdings in sehr einfacher Ausführung: Man machte eine Eisennadel magnetisch, indem man sie mit einem Magnetstein rieb. Dann ließ man sie auf einem Holzspan in einer Wasserschüssel schwimmen, wobei sie sich – wenn auch nicht ganz genau – nach Norden drehte.

Hier in der Kabine stand ein viel besseres Instrument. Die Nadel saß drehbar auf einem Messingstift in einer leeren Dose, auf deren Boden eine kunstvoll geschwungene Windrose gemalt war. Norden markierte ein lilienartiger Schnörkel. Eigentlich sollte er ein „T" sein und für Tramontana stehen, was das italienische Wort für Nordwind war.

Komischerweise konnten die Seeleute mit all ihren klugen Geräten sehr gut die Breitengrade ablesen, über die sie von Nord nach Süd und umgekehrt fuhren. Diejenigen Grade aber, die sie von Ost nach West und umgekehrt überquerten, also die Längengrade, die machten Schwierigkeiten.

Warum das so war?

Ehrlich gesagt, ganz auf die schnelle kann ich das nicht erläutern. Es ist zu viel nautische Wissenschaft dabei. Nur soviel sei gesagt: Man brauchte dazu ein Chronometer, eine Schiffsuhr. Und die war noch nicht erfunden.

Aber dem damaligen Stand der Technik entsprach die Ausrüstung schon, wie wir gesehen haben. Da Gama war da sehr pingelig. Die bis dahin übliche Anweisung: „Nach Süden, bis die Butter schmilzt, und dann geradewegs nach Osten oder Westen!" genügte ihm durchaus nicht mehr. Darum hatte er sich auch so gründlich auf diese Reise vorbereitet – mit Nautik und Astronomie. Er konnte mit diesen faszinierenden Geräten sehr wohl umgehen und wußte, wie sie zusammenwirkten.

Und das war wichtig. Denn mit dem simplen „nach Gefühl und Wellenschlag" wären die Entdecker nicht sehr weit gekommen.

Sie fuhren übrigens nicht – wie bisher üblich – direkt am afrikanischen

Kontinent entlang, sondern von den Kapverdischen Inseln hinaus auf den Atlantik Kurs Westsüdwest, um den Gegenwinden und Gegenströmungen auszuweichen.

Hoffentlich würde das gutgehen, dachten die Seeleute mißtrauisch. Sagen durften sie es nicht. Der Oberkapitän hatte irgendwelche Zweifel an der Sache bei grausamster Strafe verboten. Da Gama hatte ganz einfach grenzenlose Zuversicht angeordnet. Punktum!

Tatsächlich meldete der Lotsgast Anfang November: „Hundertzehn Faden und ansteigender Grund."

Also: An Bord war ein Lotsgast kein Feriengast, denn die Mehrzahl hieß nicht Gäste, sondern Gasten, und so nannte man Matrosen. Ein Lotsgast nun war einer, der loten mußte. Und loten bedeutete, die Meerestiefe feststellen. Und das ging so vor sich: Der Seemann ließ an einer mehrfach in Fadenabschnitte unterteilten Schnur ein Gewicht senkrecht ins Wasser. So weit, bis es auf Grund kam. Dann zählte er am Tau die einzelnen Bandstücke – wieviel Faden es bis zum Meeresboden waren. Die gemessene Zahl rief der Matrose laut und deutlich aus, damit der Rudergänger, der Steuerer, immer ganz genau wußte, wieviel Wasser er unter dem Kiel hatte.

Warum das alles?

Weil diese ganzen Kleinigkeiten an Bord unglaublich wichtig waren, lebenswichtig. Wenn kein Wasser unter dem Schiff war, nicht einmal eine Handbreit, dann strandete es. Und ein gestrandeter Segler war so gut wie ein verlorener Segler, weil er schnell von der Brandung zerschlagen wurde.

Hier auf der Reise also nun hundertzehn Faden – und ansteigender Grund. Land war in Sicht.

Sie ballerten Freudenschüsse aus ihren Schiffskanonen, flaggten über die Toppen – Fahnen hin, wo Platz war – und zogen ihre Festtagskleider an. Dann gingen sie in der neuen Bucht – sie tauften sie St.-Helena-Bucht – an Land. Sie waren in Afrika angekommen.

Hier wohnten die Hottentotten.

Sehr spärlich bekleidet waren diese Leute – nur mit Ohrringen. Lediglich die Männer trugen das, woran man sehen konnte, daß sie Männer waren, in einem Futteral, wie der Chronist der Expedition schamhaft gewunden notierte. Er vermerkte auch, daß es viele Hunde gäbe, und staunte darüber, daß diese genauso bellten wie in Portugal!

Die Seereise ging weiter. Rund um das Kap der Guten Hoffnung. Beim nächsten Landgang – in Mosselbaii – hielten die Eingeborenen die Schiffe wegen der Segel zunächst für große Vögel mit ausgebreiteten Flügeln und freuten sich.

Die Seeleute machten gute Geschäfte mit ihnen. Tauschten drei glitzernde Armbänder gegen sage und schreibe einen fetten Ochsen. Das war ein willkommener Sonntagsbraten.

Der Schreiber staunte schon wieder: „Er schmeckt genauso wie Rindfleisch in Portugal!"

Gut gekräftigt, kämpften sie sich dann weiter durch die See. Mühsam, mühsam gegen harten Wind und starke Strömung. Denn sie wußten damals noch nicht, daß ein stetiger Südwestwind, der Sommer-Monsun, sie im Frühjahr direkt von Afrika über den Indischen Ozean blasen konnte. Und auch nicht, daß ein stetiger Nordostwind, der Winter-Monsun, die Schiffe im Herbst genauso zuverlässig wieder dorthin zurückbrachte. Das lernten erst spätere Seefahrergenerationen allmählich aus Erfahrung, so um die Mitte des 16. Jahrhunderts.

Diese hier waren ja noch die Wegbereiter, die Vorsegler. Sie mußten mühsam gegen den Wind kreuzen, und das wurde dem Oberkapitän zu langweilig. Er ließ kurzerhand von der Küste weg hinaus aufs Meer drehen.

Sein Steuermann zuckte die Achseln und dachte für sich: „Der Alte kann das Abenteuern nicht lassen – aber Käptens Wort ist Gesetz."

Tatsächlich kamen sie bei diesem Unternehmen in arge Bedrängnis, ohne die geringste Aussicht auf Land.

Da Gama ließ alle Mängel durch stramme Haltung ersetzen und den Hungergürtel umschnallen – schön eng.

Es half nichts. Die Vorräte wurden knapp. Die Männer bekamen Skorbut, eine böse Mangelkrankheit mit Zahnausfall, Hautfäule, allerlei Blutungen und allgemeinem Kräfteverfall. Auf längere Dauer war sie tödlich, der Schrecken aller Seefahrer.

Was blieb ihnen also anderes übrig, als zur Küste zurückzusteuern. Sie landeten erschöpft in Moçambique. Und trafen zum erstenmal nicht auf nackte Wilde, die sie mit einer Handvoll Glasperlen oder Glöckchen begeistern konnten. Diesmal begegnete ihnen ein stolzer Sultan, der ihnen die alten Hüte und den billigen Tand verächtlich vor die Füße warf und seelenruhig Purpurstoffe von ihnen forderte.

Oho – ich bitte Sie! Die waren immer noch so unermeßlich kostbar, daß sie sich nur Könige leisten konnten oder Kardinäle.

Da standen sie nun, die klugen Europäer, mit ihrem simplen Plunder in einem Land, in dem es Perlen und Rubine körbeweise gab und ganze Schiffsladungen Gold und Silber.

Kommodore da Gama, hier bist du mit deinem Tinnef am falschen Platze! Mach dich davon!

Das tat er – hochmütig.

In Mombasa versuchten sie es erneut. Der Hafen lag voller arabischer Dhaus – diesen schnellen Schiffen mit den eleganten, spitzen Segeln. Die waren mit vielen bunten Fahnen geschmückt.

Leider hatte unser Oberkapitän immer noch nicht begriffen, daß die Europäer nicht die Herren dieser Welt waren. Er war so vermessen, zu glauben, daß ihm zu Ehren so feierlich geflaggt war.

Bei allem Respekt – das war dumm. Und vor allem war es ein gefährlicher Irrtum. Hier feierte man gar nicht ihn, sondern das Ende des Fastenmonats Ramadan. Sie waren wieder bei Mohammedanern. Und die wollten mit den Fremden nichts zu tun haben. Im Gegenteil.

Aber ehe die bösen Ungläubigen die Christen angreifen konnten, waren die in einem einzigen Schiffsumdrehen wieder draußen auf dem weiten Meer. Verfluchte Heidenbande aber auch! Also weiter nach Norden.

In Malindi endlich hatten sie Glück. Nicht nur, daß die Muselmanen sie freundlich empfingen und sie mit Wasser und Proviant versorgten. Hier lachte auch keiner über ihre mehr als bescheidenen Gaben. Der Sultan begrüßte sie huldvoll und schenkte ihnen sogar Gewürznelken, Pfeffer und Schafe.

Da wir längst um den Wert solcher Präsente wissen, fragt man sich mißtrauisch, was das wohl sollte. Wollte der etwas von ihnen?

Er wollte.

Religion hin und Glauben her – er suchte Verbündete gegen seine Glaubensgenossen in Moçambique.

Der Sultan gab den Christen sogar einen erfahrenen Seeführer, damit sie möglichst schnell über das Indische Meer und zurück kamen. Einen, der die See so gut kannte wie mancher seine eigene Badewanne nicht.

Nun konnte eigentlich nichts mehr passieren.

Ach, war das schön, sich auf dem rechten Weg nach Indien zu wissen, dachte der Schreiber erleichtert.

Und eines Nachts erblickten sie voller Freude den Polarstern wieder, denn der war ja auf der südlichen Erdenhälfte nicht zu sehen gewesen. Die Seeleute kamen sich jetzt direkt heimisch vor auf der nördlichen Halbkugel.

Sonst war jedoch von Heimat keine Spur.

Gewiß, das so lang ersehnte Land Indien erreichten sie. Und schön war es auch – sattgrün mit leuchtenden Stränden und hohen Palmen.

Der König von Kalikut empfing sie auch freundlich. Er saß auf seinem Thron, kaute Betelnüsse und spuckte davon rot in einen goldenen Spucknapf. Seine Palastwache umringte ihn und hielt sich dabei die Hände vor den Mund. Das war hierzulande ein Demutszeichen gegenüber dem König. Wie andernorts zum Beispiel das Kniebeugen.

Alles ging gut – bis die Gäste ihre mickrigen Mitbringsel auspackten. Da war es geschehen. Was sollte man hier wohl mit diesem albernen Blech, wo sogar die Spucknäpfe aus Gold waren! Nein, meine Herren Europäer, das Zeug wollte keiner. Im Tausch schon gar nicht.

Ein bißchen Zimt, ein paar Nelken und eine Faust voll Edelsteine – das war alles, womit sich die Flotte schließlich verbittert und enttäuscht auf den Rückweg machte.

Man hatte – weiß der Himmel – nicht auf sie gewartet, wie sie sich das eingebildet hatten.

Das Schlimmste aber war, daß ihr muselmanischer Reiseführer verschwunden war. Anscheinend hatte er sich verdrückt. Ohne ihn segelten sie geradewegs in eine Katastrophe. Und von dieser in die nächste und so fort. Mal jagte sie ein tückischer Wind hin und her. Mal drückte sie ein steifer Sturm ständig in die falsche Richtung. Und mal verabschiedete sich auch die letzte sanfte Brise und ließ sie tatenlos in der Sonne schmoren wie auf einem Höllenrost.

Wo war das rettende Land? Wo die schöne Welt?

Jetzt lernten sie den Skorbut richtig kennen. Die Männer starben wie die Fliegen, elendiglich und faulend. Das ganze Schiff stank wie eine einzige Pestbeule.

Nur in der Kommandantenkabine war es halbwegs erträglich. Der Oberkapitän schien mit seinem eisernen Willen sogar die Krankheit zu bezwingen. Sie befiel ihn nicht. Er hatte lediglich einen brüllenden Hunger im Bauch, und den besiegte er mannhaft.

Irgendwann und irgendwie kamen sie dann doch wieder in Malindi an.

Der Schreiber notierte: „Noch vierzehn Tage länger – und die Schiffe wären ohne Besatzung gewesen.“

Er hatte recht.

Sie wurden gut versorgt und die Kranken aufgepäppelt. Bei guter Ernährung erholten sie sich erstaunlich schnell.

Aber für drei Schiffe reichten die Überlebenden nicht aus und für einen Krieg schon gar nicht. Traurig ließ da Gama die „São Rafael“ am Strand verbrennen. Nur die kunstvoll geschnitzte Galionsfigur des heiligen Erzengels Raphael nahm er mit hinüber auf sein Fahrzeug. War doch die Galionsfigur die Seele des Schiffes, sagten die Seeleute.

Warum er den Segler überhaupt verbrannte und nicht den großzügigen moslemischen Gastgebern schenkte? War der doch sehr viel mehr wert als der übliche Glas- und Blechplunder. Ich weiß es nicht.

Noch einmal ging es rund um Afrika. Wohl flüsterten die Seeleute unter vorgehaltener Hand – sie durften ja nicht laut davon reden – über den bösen Wassergeist Adamastor vom Kap der Guten Hoffnung. Riesengroß und grimmig, bärtig und hohläugig sollte er sein. Brachte wilde Stürme ans Kap und zog die berüchtigte Wolkendecke über die Klippen, das Tischtuch des Teufels, wie die Leute furchtsam sagten.

Jedoch der unbändige Drang nach Hause ließ sie alle neuen Mißlichkeiten leichter ertragen.

Endlich, nach zweijähriger Abwesenheit, liefen sie wieder im Hafen von Lissabon ein. Von hundertsiebzig Mann waren vierundfünfzig übriggeblieben! Aber wen kümmerte das? Doch lediglich die Angehörigen. Und ihre bitteren Klagen übertönte der gewaltige Jubel. Böllerschüsse, Lachen, Singen, Ehrungen hallten laut durch die Stadt. Wer dachte da schon an die Opfer!

Sagte da irgendeiner etwas von natürlichem Schwund? Das war ein böses Wort. Aber, wie man zugeben mußte, leider treffend.

Allzu großes Mitgefühl um Einzelschicksale war nun einmal nicht gefragt, wenn es um Ruhm und Ehre und Geschäft ging.

König Manuel posaunte augenblicklich lautstark die Mär von ungeheuren Mengen Gewürzen und Edelsteinen und ganzen Goldminen durch die Welt. Und daß er Indien erobert habe. Er rieb das besonders den spanischen Majestäten unter die Nase. Wie viele Zimtstangen und Nelken und Steinchen die Reise tatsächlich gebracht hatte, das verschwieg er wohlweislich.

Und auch die Verluste und den Hunger und den Skorbut.

Er schickte sofort die nächste Expedition auf den langen, schlimmen Weg. Und dann regelmäßig jährlich immer wieder eine hinterher.

Damit war die Ostroute gut befahren.

Die Seeleute hatten gelernt, wie man die Angelegenheit meisterte.

Jetzt fuhren sie nämlich gerüstet und richteten bewaffnete Handelsstationen ein in „Indien Oriental“, wie sie es nannten.

Schließlich fegte der erste portugiesische Vizekönig von Indien mit einem mächtigen Heer zu Schiffs heran. Verjagte die Moslems, die bis dahin das Handelsnetz noch fest in ihren Händen gehalten hatten.

Jetzt beherrschte Portugal den gesamten Seehandel.

König Manuel betitelte sich gar wenig bescheiden: „Von Gottes Gnaden König von Portugal und Algabrien, diesseits des Meeres und jenseits davon in Afrika, Herr von Guinea und Herr der Eroberungen der Schiffahrt und des Handels von Äthiopien, Arabien und Persien.“

Das war maßlos übertrieben.

Neider nannten ihn schlicht den Krämerkönig.

Als nächster bahnbrechender und berühmter Entdecker folgte Fernando Magellan. Von Beruf war er kein Seemann, sondern Soldat. Und doch segelte er als erster rund um den Globus. Denn er hatte das Zeug dazu: Kühnheit und Zähigkeit, Scharfsinn und Mut, Unbeugsamkeit und Streben nach Ruhm und Reichtum. Und Glück hatte er. Dazu die Erfahrung seiner Vorgänger. Außerdem lernte er gewissenhaft immer mehr über Seefahrt und Nautik.

Rein menschlich gesehen war er nicht unsympathisch. Er hatte ein offenes Gesicht, aus dem große, braune Augen ohne Umschweife in den Kern der Dinge sahen. Er hatte eine kräftige, schwungvolle Nase, einen ausdrucksvollen, energischen Mund und einen schwarzen, gewellten Bart.

Leider hatte er sich durch widrige Umstände mit dem portugiesischen König Manuel entzweit. Darum ging er stolz und hocherhobenen Hauptes, arm, aber voller Pläne, zur großen Konkurrenz nach Spanien.

Dort studierte er gründlich die bisherigen Entdeckungsreisen. Es lasse sich allemal aus den Fehlern und aus den Erfolgen anderer am leichtesten lernen, dachte er.

Er las, daß der Florentiner Amerigo Vespucci Neuland entdeckt hatte.

Allerdings war der dabei nicht wie Kolumbus einem irdischen Paradies nachgejagt, sondern hatte einen kühlen Kopf behalten und offene Augen für die Wirklichkeit. Kurz und sachlich stellte er fest: „Ich habe einen neuen Erdteil gefunden. Basta!"

„Das ist aber fein", antwortete man darauf. „Dann nennen wir ihn nach dir Amerika."

So kam es, daß Amerika Amerika hieß und nicht Kolumbia.

Magellan las auch, daß es durch diesen neuen Erdteil immer noch keine Passage von einem Meer in das andere gab.

„Das genügt", sagte er und klappte die Bücher zu. „Da wollen wir mal sehen, daß wir den Durchgang finden, wenn es einen gibt."

Er humpelte, denn er hatte aus seiner Kriegszeit in Indien ein steifes Bein, vor den spanischen König. Zeigte ihm auf einem hübsch buntbemalten, sehr ansprechenden Lederglobus alles, was noch zu erobern war. Seine Reisepläne, an der Ostküste des neuen Kontinents abwärts, hatte er vorher sorgfältig eingezeichnet. Und nun schwärmte er Seiner Majestät von den Reichtümern der Molukken drüben auf der anderen Seite vor.

Der König biß an.

Allerdings spendierte er für das Unternehmen nur sehr knauserig eine ganz miese Flotte von fünf verkommenen Schiffen, die erst mal gründlich überholt werden mußten.

Aber für echten Forschergeist gab es keine Hindernisse. Die alten Schiffe wurden flott und seetüchtig gemacht.

Leider hatte man auch Probleme mit der Besatzung. Die Kapitäne waren stolze Spanier und alles andere als froh über einen portugiesischen Kommodore. Und die Mannschaften kamen bunt zusammengewürfelt aus aller Herren Länder – selten freiwillig, meist gezwungen und gepreßt. Die Bordverhältnisse sprachen sich herum und lockten niemanden an.

Trotzdem ging Magellan im August 1519 an Bord der „Trinidad" und segelte der Flotte voran – für Spanien.

Diesmal war sogar ein echter Berichterstatter dabei, der ein Buch über die Ereignisse schrieb, der Italiener Antonio Pigafetta. Wir können uns daran orientieren:

Magellan führte von seinem Schiff aus ein strenges Regiment über die Flotte. Das paßte den spanischen Kapitänen nicht. Wie gesagt, sie mochten ihn nicht.

Das Wetter offensichtlich auch nicht. Es war voller Unbilden. Die Flotte lief bald vor Topp und Takel – mit nackten Masten ohne Tuch. Lediglich die Elmsfeuer, die für zwei Stunden an allen Masten leuchteten, retteten die Matrosen vor Panik und damit die ganze Pioniertat. Diesmal sei ihr Schutzpatron, der heilige Erasmus, bei ihnen, glaubten sie und hielten durch. Sie erreichten mit einem Schwenk über Südafrika Brasilien und drehten dann suchend nach Süden.

Die Indianer an den fremden Küsten waren freundlich und immer zum Tausch bereit. Ein Messer gegen sechs Hühner. Ein Kamm gegen zwei Gänse.

Herr Pigafetta machte das beste Geschäft: Er bekam für eine Spielkarte, Kreuz-König, fünf Hühner.

Nur gut, daß alles friedlich abging und die ruppigen Seeleute keinen Streit mit diesen unbekannten Menschen anfingen. Angeblich räucherten sie nämlich ihre Feinde und aßen sie häppchenweise – behauptete Pigafetta.

Weiter ging es nach Süden. Sie guckten in jede Bucht und jede Enge. Aber sie fanden hauptsächlich Pinguine, fette Gänslein, wie der Italiener sagte. Sonst nicht viel.

Immer weiter fuhren sie. Immer weiter suchten sie. Es wurde kalt, sehr kalt. Und noch kein Durchgang ins Indische Meer in Sicht.

„Männer! Ehe wir hier erfrieren, schlagen wir unser Winterlager auf und suchen im Frühling weiter!“ befahl Magellan.

O je! Da brach ein Sturm los! Nicht auf dem Wasser – auf den Schiffen.

„Was?! Hier in dieser elenden Gegend? Nein! Wir wollen nach Hause

– sofort! Es gibt überhaupt keinen Durchgang!“ schrien die Leute außer sich.

Und auch die stolzen Spanier murrten sehr.

Und dann meuterten sie. Bis auf einige wenige.

Die überaus erregten Männer hätten ihren Kommandanten gelyncht, wenn sie gekonnt hätten.

Aber der war schlau und allen überlegen. Darum endete die erste Weltumseglung nicht an dieser Stelle. Der General-Kapitän schlug mit seinen wenigen Anhängern in einer kurzen Auseinandersetzung mit viel List und noch mehr Glück die Meuterei nieder. Endlich lagen sie bei Argentinien vor Anker.

Magellan nannte es Patagonien, weil die Einwohner dort sehr breite Lederschuhe trugen und diese Art Fußbekleidung auf spanisch Patagon hieß.

Jedoch waren nicht nur ihre Füße sehr groß. Die ganzen Menschen waren Riesen. Wenn man Pigafetta glauben durfte, reichten die Europäer ihnen lediglich bis zum Brustkasten. Und er behauptete auch, sie würden sich einen Pfeil in den Hals stecken, wenn sie Magengrimmen hätten, um das schmerzverursachende Tier in ihrem Innern zu töten.

Zum Frühlingsanfang – er war dort im August – hieß es „Anker auf!“, und unter vollen Segeln ging es abermals weiter nach Süden. Wieder suchten sie jede Kurve, jede Ausbuchung und jede Flußmündung an der Küste ab. Dabei kamen sie auch an einen winzigen Einschnitt. Der Schreiber zuckte die Schultern und sagte kopfschüttelnd: „Von dort plätschert doch höchstens ein Bächlein in den Ozean.“

Magellan wußte es besser. Er hatte die schnelle Luft über ihren Köpfen bemerkt. Und die kam aus einem Windkanal.

„Das ist gut“, sagte er. „Es muß noch etwas dahinter sein.“

Tatsächlich. Ein schmaler Spalt.

Sie zwängten sich hinein mit ihren Schiffen und krochen mühsam und unendlich vorsichtig durch gefährliche Engen, um bösartige Klippen und Felsen und Inseln herum. Sahen am südlichen Ufer viele Feuer brennen und tauften das Land im Vorbeifahren Feuerland. Die Meerenge, die sie durchfuhren, nannte man Magellanstraße.

Eines Tages lag der weite Pazifik, der Stille Ozean, vor ihnen. Da war die Freude groß! Irgendwo dort hinten in dunstiger Ferne mußten die Gewürzinseln liegen. Und damit hatten sie es geschafft.

Wie weit diese dunstige Ferne war, wußte damals keiner von ihnen. Auch nicht Magellan. Er dachte, es sei ein Katzensprung – und seine Leute glaubten ihm nur zu gern.

Fröhlich und vergnügt und guten Mutes ging es vor dem Wind hinaus – dem Horizont entgegen.

Sie amüsierten sich über die Fliegenden Fische, die sie Colondrini nannten – was „Schwalben“ bedeutete. Sie sahen viele fliegen. Jedoch Land sahen sie keines. Nur Wasser, Wasser, Wasser. Wo, um Himmels willen, war die Erde abgeblieben?

Die Vorräte gingen zur Neige. Der Frohsinn war es schon lange. Abermals kam das Gespenst der Meere, der Skorbut, mit dem Hunger und machte sich todbringend und stinkend breit an Bord. Oh, die Seefahrer kannten den Geruch, der jedes befallene Schiff begleitete!

Pigafetta beschrieb ihre Lage so: „Wir tranken furchtbar übel riechendes Wasser, schleimig und gelb. Aßen den letzten stinkenden Zwiebackstaub – Wurmnester, die die Ratten übriggelassen hatten. Dann kochten wir Leder in Salzwasser und aßen Sägemehl. Und schließlich auch die Ratten! Die Fänger kassierten einen halben Gulden pro Stück.“

Endlich, endlich liefen sie mit ihren Totenschiffen auf die Philippinen. Hier fanden sie herrliche Quellen und saftige Feigen und frische Kokosmilch und erholten sich schnell.

Und die Eingeborenen waren nett! Sie freuten sich über den Besuch. O ja! Ihr König schloß sofort Blutsbrüderschaft mit dem General-Kapitän – ewige Treue auf Leben und Tod.

Magellan hätte es sein lassen sollen. Denn sein neuer Blutsbruder bat ihn augenblicklich um Hilfe gegen seine Feinde. Und Blutsbrüderschaft war Blutsbrüderschaft.

In diesem Kampf wurde der große Kapitän jämmerlich ermordet. Das war schlimm für alle.

Ab jetzt zigeunerten die beiden übriggebliebenen Schiffe, die „Trinidad“ und die „Victoria“, ein halbes Jahr lang ziemlich kopf- und ziellos kreuz und quer umher. Irgendwann mußten sie doch ankommen, wo der Pfeffer oder vielmehr die Nelken wuchsen. Denn die suchten sie.

Sie kreuzten und segelten und landeten und fanden unglaubliche Dinge. Nur die Gewürzinseln, die fanden sie lange nicht.

Doch endlich stießen sie auf die Molukken, der einzige Platz der Welt, auf dem Gewürznelkenbäume wuchsen. Nur waren sie jetzt nach all den unerträglichen Leiden der Sache weidlich überdrüssig. Zumal Magellans Nachfolger sich so schlecht benahm, wie ein Mensch sich nur schlecht benehmen konnte.

Als er schließlich über den Pazifik zurück nach Spanien wollte, stieg unser Freund Pigafetta kurzentschlossen um auf die „Victoria“. Zum Glück, konnte man sagen. Denn die „Trinidad“ kam nie an. Die „Victoria“ tat es. Wenn auch auf der allerletzten Welle mit dem allerletzten Atemzug.

Sie trieb als Wrack mit den restlichen achtzehn Mann von zweihundertfünfzig und einer Ladung Nelken in den Hafen von Sevilla. Was scherten sie die Salutschüsse zur Begrüßung. Sie taumelten abgehärmt und gequält, barfuß und mit einer Kerze in der Hand zur heiligen Marienprozession. Dankten für das nackte Leben, dessen sie gewiß nie wieder froh wurden, denke ich.

Diese vier großen Entdecker und noch eine Menge mehr oder minder bekannter Seefahrer hatten in einem Vierteljahrhundert bewiesen, daß Europa nicht eine von Hölle und Himmel begrenzte Landmasse war, sondern ein kleiner Kontinent zwischen vielen Erdteilen und Inseln und sieben großen Meeren.

Sie hatten gezeigt, daß man die kleinen und großen Reiche miteinander verbinden konnte, wenn man Schiffe hatte. Und immer wieder mußte man daran denken, daß sie nicht viel mehr für ihre Navigation gehabt hatten als mutige Daumen, über die sie peilen konnten. Und Eieruhren und ungenaue Karten und den Himmel als Wegweiser – und ein großes Gottvertrauen.

So hatten sie die Zeit eröffnet, in der die kleinen Menschen überrascht merkten, wie ihre Erde immer größer wurde, in der sie staunend in fremde Länder und die unendlichen Weiten der Meere sehen konnten.

Und nicht nur Spanien und Portugal, die voreilig die neue Welt unter sich aufgeteilt hatten, zogen hinaus. Jetzt wollten auch England und Holland zugreifen. 1577 umsegelte Sir Francis Drake für England die Welt und sackte ein, was er fand für den Beutel seiner Königin. Holland hatte sich in der Südsee zu schaffen gemacht, und Mijnheer Tasman hatte Tasmanien entdeckt.

1766 segelte Mister Wallis für England über die Meere, auf der Suche nach dem Riesenreich Terra Australis. Früher hatte man gedacht, dieses Land bedecke den ganzen Süden der Erde – als Gegengewicht zu den nördlichen Kontinenten, damit die Welt nicht umkippe.

Die Entdecker hatten bewiesen, daß das nicht stimmte. Aber gefunden hatte man es immer noch nicht, das große, unbekannte Land.

Auch Mister Wallis fand es nicht. Aber auf das irdische Paradies traf er. Auf Tahiti. Dort lebten die schönsten Frauen der Welt, sagten Fachleute. Die möbelten die müden Seefahrer schnell wieder auf, und sie genossen das süße Leben. Vor allem, wo der Preis für ein nächtliches Vergnügen gering war – ein simpler Nagel nämlich. Ein einziger einfacher Nagel pro Nacht.

Auf Tahiti kannte man bis dahin keine. Merkte aber schnell, daß die Dinger zu vielem nütze waren. Darum wollte man sie gern haben. Und die Frauen mußten anschaffen gehen.

Und die Matrosen konnten sich so ein Vergnügen wirklich leisten, denn was war schon ein lumpiger Nagel!

„Oho – eine Menge!" rief der Kapitän entsetzt, als er das merkte, weil manches zu wackeln begann auf seinem guten Schiff. Noch gerade rechtzeitig, ehe das ganze Ding nagellos zusammenklappte, gab er den Befehl zum Auslaufen.

Jetzt mußten die Matrosen wie vor hundert Jahren wieder auf dem blanken Deck schlafen, weil sie keine Nägel mehr hatten, ihre Hängematten festzumachen. Und das war längst nicht der größte Schaden, den das stolze Schiff erlitten hatte.

Cooks Forschungsschiff 1775

Endlich, 1775, beschloß Captain Cook das Kapitel der Entdecker. Er tat es für Englands Majestät Georg den Dritten.

Er war nicht nur mutig, der Captain, sondern auch nüchtern, sachlich und geistvoll. Er entdeckte gezielt; er suchte mit Überlegung und Verstand. So kam er dahinter, daß der südliche Kontinent aus Schnee und Eis bestand.

Man könnte glauben, dazu gehöre nicht gerade außergewöhnliche Intelligenz. Allerdings wohl, wenn man sich die seinerzeitigen Kenntnisse von Klima und Geographie vorstellt. Und besonders von Bedeutung war, was er damit anfing: Er taute Eis und Schnee auf und bekam gutes, salzfreies Trinkwasser. Und das war tatsächlich kostbar.

Er fand außerdem den Kontinent Australien – endlich.

Und er entdeckte noch etwas, etwas ganz Wichtiges: Skorbut konnte durch richtige Ernährung und durch Sauberkeit vermieden werden.

Mit diesem erstaunlichen Mann begann eigentlich die neue Zeit. Die des Suchens mit Verstand – also die der Wissenschaft.

Die Schiffe aber hatten tatsächlich die Welt geöffnet. Hatten sie verändert und unglaubliche Räume freigegeben.

Und wenn Sie jetzt fragen, ob das denn überhaupt so wichtig gewesen ist, dann überlegen Sie einmal, wie es heute bei uns aussehen würde, wenn jeder immer nur an seinem angestammten Ufer hockengeblieben wäre, vielleicht auf einer leeren Muschel tutend oder einem breiten Schilfhalm blasend, und zufrieden gelächelt hätte: „Da hinten, an dem Strich, wo Himmel und Erde zusammenstoßen, da ist die Welt gewiß zu Ende. Aber was schert es mich.“

Wir säßen wohl heute noch da.

Sollte Ihnen das gefallen, können Sie sich ja eine einsame Insel im Ozean suchen – mit einem Schiff natürlich.